First published in Portuguese as **Plasticus maritimus, Uma espécie invasora**.
Text © Ana Pêgo and Isabel Minhós Martins, 2018.
Illustrations © Bernardo P. Carvalho, 2018.
This edition is published under licence from Editora Planeta Tangerina,
Portugal, through Orange Agency.
All rights reserved.
Korean translation © Sallim Publishing Co., 2020.

이 책의 한국어판 저작권은 오렌지에이전시를 통한
Planeta Tangerina사와의 독점 계약으로 (주)살림출판사에 있습니다.
저작권법에 의해 한국 내에서 보호를 받는 저작물이므로
무단 전재와 복제를 금합니다.

바다의 생물, 플라스틱

아나 페구·이자베우 밍뇨스 마르칭스 글
베르나르두 카르발류 그림 | 이나현 옮김

세상에는 해결해야 할 문제가 너무나 많아요

오늘날 우리가 사는 지구에서는 많은 문제가 벌어지고 있어요. 다행히 우리는 어떤 문제가 있는지, 그 문제를 어떻게 해결해야 하는지 잘 알고 있지요. 하지만 모든 문제가 해결되고 있지는 않아요.

왜냐하면 해결해야 할 문제가 너무나 많기 때문이에요. 또 그 문제를 해결할 수 있는 정보가 있어도 우리가 다 알 수는 없어요. 마지막으로 세상의 모든 사람들과 정부, 단체가 항상 같은 목표를 두고 일하지 않기 때문이에요. 때로는 일을 제대로 못 하기도 하죠.

그래서 우리는 적극적으로 나서서 '행동하는 사람'이 되어야 해요! 여러분이 어떤 문제에 대해 걱정하기 시작했고, 그 문제가 얼마나 심각한 결과를 가져올지 잘 알고 있다면, 이제 자신 있게 두 팔을 걷어붙이고 나서야 할 때예요.

처음엔 조금 외롭게 느껴질 수도 있어요. 아주 처음에는요. 하지만 관심을 가지고 주위를 잘 둘러보면, 한 사람의 목소리가 세상을 얼마나 바꿀 수 있는지 정말 많은 이야기를 들을 수 있어요. 우리가 몇 살이든, 무슨 일을 하고 있는지는 상관없어요. 적극적으로 행동하겠다는 마음만 먹어도, 세상은 앞으로 한발 더 나아갈 거예요.

이 책에서 우리는 플라스틱 쓰레기에 대해 알아보고, 어떻게 하면 플라스틱 쓰레기를 최대한 줄일 수 있는지 그 방법을 함께 찾아볼 거예요.

먼저 포르투갈의 해양 생물학자 아나를 소개합니다. 아나는 바다에 버려지는 플라스틱 쓰레기에 관심을 갖기 시작한 뒤로 지금까지 한 번도 쉬지 않고 달려왔어요. 아나의 이야기가 여러분 모두에게 영감을 주기를 바랍니다!

나의 바다 (이 바다가 나에게 얼마나 커다란 의미인지 얘기해 줄게)

사람들은 나에게 언제부터 플라스틱 쓰레기에 관심을 갖기 시작했는지 물어봐. 하지만 대답을 잘 못 하겠어. 정확하게 어떤 날부터 관심을 갖기 시작한 게 아니거든. 그래도 곰곰이 생각해 보면, 내가 '나의 바다'라고 부르는 곳에서부터 시작했을지도 몰라.
　　　내가 어린 시절부터 살았던 집에서 200미터쯤 걸어가면 '나의 바다'가 나와. 나에겐 정말 행운이었지. 이 바다는 진짜 특별해. 썰물 때 바닷물이 밀려 나가면

바위틈으로 바닷물이 가득 고인 웅덩이가 잔뜩 생겨. 그리고 그 웅덩이에서 많은 바다 생물을 만날 수 있지.
　　　매일매일, 나는 학교가 끝나고 집에 도착하면 가방을 구석에 던져 놓고 "엄마, 나 바다 좀 보고 올게요!"라고 소리를 질렀어. 그러고 나서 바로 바다로 달려갔지. '바다를 만나러 가는 건' 마치 친구를 만나서 그 친구의 기분을 함께 느끼는 것 같았어.

'바다를 만나러 가면' 많은 것을 관찰할 수 있지!

- 바닷물이 꽉 차 있는지, 아니면 텅 비어 있는지(또는 얼마만큼의 높이로 차 있는지도 알 수 있어.)
- 모래가 어제랑 똑같은지, 아니면 달라졌는지(모래는 계절이나 바닷물의 흐름이 달라지면 쌓이는 곳도 달라지거든.)
- 바다가 고요한지, 아니면 시끄럽게 요동치는지
- 바닷가에 누가 있는지, 아니면 나 혼자만 있는지
- 바다 내음도 달라져. 썰물 때 바다 내음은 무척 짙어서 우리 집 앞 골목에서도 느껴졌지!

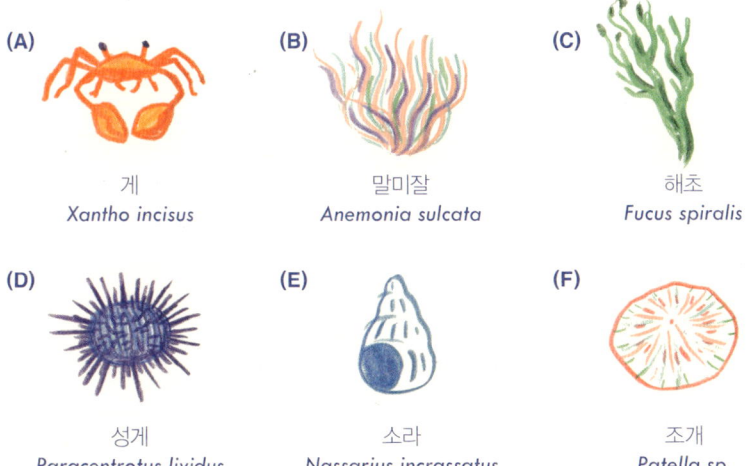

(A) 게
Xantho incisus

(B) 말미잘
Anemonia sulcata

(C) 해초
Fucus spiralis

(D) 성게
Paracentrotus lividus

(E) 소라
Nassarius incrassatus

(F) 조개
Patella sp.

세상에는 해결해야 할 문제가 너무나 많아요

바닷물이 빠지면 바위 사이를 거닐며 이웃 동네 바닷가까지 산책을 다녔어. 바위틈에서 화석같이 생긴 것을 발견하기도 하고, 바다 생물들을 관찰하며 탐험을 하기도 했지. 나는 지금도 바닷가에서 탐험을 계속하고 있어. 그런데 요즘에는 바다에 버려진 플라스틱 쓰레기를 찾는 모험이 하나 더 생겼어.

'나의 바다'에서 보낸 시간들이 너무나 소중하기 때문에, 플라스틱 쓰레기가 바다에 버려지는 것이 정말 걱정돼. 소중히 여기는 것에는 자연스레 마음이 가고 지키고 싶어지기 마련이니까.

수많은 문제 가운데 왜 하필 플라스틱 쓰레기일까?

바다와 관련된 문제를 하나씩 적어 나가기 시작하면 끝이 없을 거야. 높아지는 바닷물의 온도 문제, 마구잡이로 물고기를 잡아서 생기는 문제, 배에서 내는 소음 문제, 바다 오염 문제, 멸종 위기에 처한 생물 문제 등. 어휴, 정말 많지?

이 중에서도 나는 플라스틱 쓰레기가 가장 걱정이야. 바다 쓰레기의 80퍼센트가 플라스틱이라는 거 알고 있니? 플라스틱 쓰레기 때문에 이미 많은 바다 동물들이 고통받고 있어. 결국에는 우리 인간도 고통받게 될 거야.

앞으로 내가 할 이야기들

이제부터는 플라스틱으로 생겨난 문제 몇 가지를 보여 주고, 내가 발견한 괴상한 생물인 플라스티쿠스 마리티무스도 소개할 거야. 앞으로 바다의 침입종인 플라스틱 쓰레기 전문가가 되려면 플라스틱에 대해 아주 잘 알아야 해. 그래야 가장 좋은 방법을 찾아서 문제를 해결할 수 있거든!

　　이 책을 다 읽을 때쯤이면, 모두 두 팔을 걷어붙이고 행동하길 바랄게. 꼭 필요하지 않은 플라스틱은 사용하지 말고, 다른 좋은 방법이 없는지 찾아보는 거야. 그리고 지구에 사는 많은 사람들에게도 네가 찾아낸 좋은 아이디어를 알려 봐! 혼자서는 힘들 것 같다고? 걱정하지 마! 우리처럼 플라스틱 쓰레기 문제를 해결하고 싶은 사람들은 정말 많으니까.

해변 청소부와 비치코머는 어떤 사람들일까요?

'해변 청소부(beach cleaner)'는 바닷가를 청소하는 집단이나 개인을 가리키는 말이에요. '비치코머(beachcomber)'는 바닷가에서 쓰레기를 줍기도 하지만, 바닷가에서 발견하는 물건들이 어디에서 어떻게 왔는지 관심을 갖고 수집하는 사람이고요. 아나는 바로 비치코머예요!

이 책을 읽은 여러분 중 누구라도 바닷가에 가서 플라스티쿠스 마리티무스를 수집해야겠다고 생각한다면 아나는 정말 기뻐할 거예요! 여러분 각자 컬렉션을 만들어 보는 것도 좋은 생각이에요. 사진도 찍고 #플라스티쿠스마리티무스 #plasticusmaritimus #플라스틱쓰레기 해시태그를 달아서 SNS에 공유해 보는 건 어떨까요?

차례

바다의 중요성 18

바다를 탐험하는 법

새로운 생물, 플라스티쿠스 마리티무스 28

바닷가로 나갈 때 준비해야 할 것 54

평범한 플라스틱 생물들 68

특이한 플라스틱 생물들 82

재활용, 과연 안심할 수 있을까? 104

우리가 할 수 있는 일 116

플라스틱에 대해서 더 많이 알고 싶다면? 159

커다란 크기만큼 중요한 바다

우리가 가끔 잊어버리는 중요한 사실이 있어. 바다가 지구에 있는 생명들이 살아갈 수 있도록 아주 중요한 기능 세 가지를 담당하고 있다는 거야. 바다는 지구의 온도를 조절하고, 우리가 숨 쉬기 위해 꼭 필요한 산소의 50퍼센트 이상을 만들어 내. 또 많은 생명들이 살아가는 곳이야.

지구의 온도를 조절하는 바다

바다는 많은 양의 태양열을 흡수하고 저장해서 지구의 온도가 지나치게 높아지지 않도록 막아 줘. 뿐만 아니라 해류를 통해서 태양열을 여러 곳으로 나누어 보내며 지구의 온도가 알맞아지도록 도와주기도 해. (그래서 지구에 인간이 살 수 있는 거야.)

지구의 폐는 나무와 숲 그리고 바다야

산소를 만드는 곳을 떠올리면 '나무'나 '숲'이 먼저 생각날 거야. 틀린 건 아니지. 하지만 '바다'도 숲만큼 많은 양의 산소를 만들어. 정확히는 바다에 떠다니는 아주 작은 덩어리인 식물성 플랑크톤이 나무가 광합성을 하는 것처럼, 이산화탄소를 흡수해서 산소를 만들어 내.

그런데 바다가 플라스틱으로 가득 차 버리면 어떤 일이 벌어질까? 플라스틱에 들어 있는 독성 물질 때문에 산소를 만드는 식물성 플랑크톤이 죽고 말 거야. 게다가 바다에 떠다니는 많은 양의 플라스틱은 태양 빛이 물속으로 침투하기 어렵게 만들어. 태양 빛이 없으면 식물성 플랑크톤은 사라지고 말겠지.

> **열대 우림과 바다, 산소를 더 많이 만드는 곳은 어디일까요?**
> 우리가 마시는 산소의 50~70퍼센트가 바다에서 만들어져요. 열대 우림에서 만들어지는 산소를 전부 합쳐도 바다가 만들어 내는 산소가 더 많다는 이야기지요. (여기서 잠깐! 그렇다고 해서 열대 우림이 중요하지 않다는 말은 아니에요. 열대 우림아, 힘내!)

식물성 플랑크톤아, 고마워!

식물성 플랑크톤이 없다면 우리도 존재할 수 없어요

먹이 사슬에 대해 알고 있니?

생물 사이에서 먹고 먹히는 관계가 마치 사슬처럼 연결되어 있는 것을 '먹이 사슬'이라고 해. 바닷속 먹이 사슬의 가장 처음에 있는 생물은 앞서 살펴본 식물성 플랑크톤이야.

(1) 식물성 플랑크톤은 동물성 플랑크톤이 잡아먹어.
(2) 동물성 플랑크톤은 작은 물고기가 잡아먹지.
(3) 작은 물고기는 중간 크기나 커다란 물고기의 먹이가 돼.

작은 물고기가 미세 플라스틱이 붙은 식물성 플랑크톤을 먹으면, 플랑크톤에 붙어 있던 미세 플라스틱도 함께 삼키게 돼. 그런데 미세 플라스틱은 썩지도, 소화되지도 않아서 계속해서 다른 동물에게 옮겨 다녀. 이 작은 물고기를 먹은 큰 물고기와 인간에게도 마찬가지야. 결국 먹이 사슬에 있는 모든 동물과 인간이 바다에서 온 플라스틱을 먹게 되는 거야!

셀 수 없이 많은 생명들이 지구에서 살아가기 위해서는 먹이를 먹어야 하고, 이 먹이가 순환되는 먹이 사슬은 바로 바닷속에서 시작해요.
지구가 건강하기 위해서는 먼저 바닷속 식물성 플랑크톤이 건강해야 해요.

인간과 바다에게 일어난 중요한 사건들

인간은 바다를 탐험하며 여러 가지 새로운 사실을 발견하고 해결해 왔어. 어떤 사건들이 있었는지 알아볼까?

1872~1876년
영국 군함 챌린저호가 전 세계를 항해하며 바다에 대한 새로운 정보들을 알아내요.

1943년
프랑스의 자크 쿠스토가 오랜 시간 잠수할 수 있는 새로운 잠수 장비인 애퀄렁을 발명해요.

1950년
플라스틱 쓰레기가 바다에 버려지기 시작해요.

1960년
세계에서 가장 깊은 마리아나해구 바닥에 도달해요. (가장 깊은 곳은 약 11킬로미터나 된대요.)

1970년
과학자들이 북대서양의 미세 플라스틱에 대해 경고하기 시작해요.

1973년
바다를 항해하는 모든 배들이 플라스틱을 포함한 어떤 쓰레기도 바다에 버리지 못하게 하는 마르폴 협약이 제정되어요. 바다가 더 이상 오염되는 것을 막기 위해서지요.

1992년
인공위성 토펙스-포세이돈이 바다 표면의 지도를 만들기 시작해요.

1995년
인공위성 지오셋이 심해 지도를 만들기 시작해요.

26 　바다의 생물, 플라스틱

1997년
찰스 무어 선장이 북태평양에서 거대한 플라스틱 쓰레기 섬을 발견해요. 무어 선장은 최초로 바다에 버려진 플라스틱에 대해 경고한 사람이에요.

2008년
유엔(UN)에서 '세계 해양의 날'을 만들어요. (6월 8일)

2010년
다양한 바다 생물을 연구하기 위해 해양 생물 센서스를 만들어요. '센서스'는 바다 생물을 조사하고 이름, 종류, 숫자 등의 정보를 기록하는 걸 말해요.

2010년
바다에 버려진 쓰레기와 싸우기 위해 전 세계가 문제를 알리기 시작해요.

2011년
플라스틱을 만드는 회사들이 바다에 버려지는 플라스틱 문제를 해결하는 방법을 찾겠다고 약속해요.

2012년
유엔(UN)이 개최한 '지속가능발전 정상회의 (리우+20)'에서 바다 쓰레기를 중요한 문제로 다루어요.

2014년
'미세 플라스틱'이라는 말을 사용하기 시작해요.

2015년
전 세계에서 점점 더 많은 사람들이 플라스틱 쓰레기 문제에 관심을 갖고, 문제를 해결하려고 노력하기 시작해요. 이 책을 읽고 있는 여러분도 이미 그 사람들 중 한 명이에요!

2016년
프랑스에서 전 세계 최초로 일회용 플라스틱 사용을 금지하는 법을 통과시켜요.

2016년
영국에서도 화장품에 미세 플라스틱 사용을 금지하는 법을 통과시켜요.

앞으로 다른 나라도 이렇게 될 거예요.

2019년
유럽 연합(EU)은 2030년까지 유럽 연합에서 사용되는 모든 플라스틱 용기를 재활용하거나 재사용하는 법을 통과시켜요. '재활용'은 분리수거한 플라스틱을 새로운 물건으로 다시 만드는 것, '재사용'은 깨끗이 씻어서 다시 사용하는 걸 말해요.

2019년
영국의 과학자들은 인공위성을 통해 플라스틱이 어느 바다에 있는지 알려 주는 지도를 만들기 시작해요.

바다의 중요성 27

바다를 탐험하는 법

새로운 생물, 플라스티쿠스 마리티무스

바다에 새로운 생물이 등장했다고?

이제 우리가 사는 바다와 바닷가에 점점 더 자주 등장하고 있는 새로운 생물을 소개하려고 해. 아나는 이 생물을 발견하고는 이름을 붙이기로 결심했어. 새로운 생물의 정체를 정확하게 연구하려면 무엇보다 이름이 있어야 하기 때문이지. 이 새로운 생물은 바로 바다에 버려진 '플라스틱'이야. 정말 이상하지 않아? 바다에 버려진 플라스틱이 너무나 많아서 우리가 플라스틱을 새로운 생물이라고 생각할 정도가 됐으니 말이야.

    아나는 바다에 버려진 플라스틱에 어떤 이름을 붙일까 고민하다가 과학자들이 생물을 더 자세히 연구할 때 사용하는 이름인 '학명'을 보고 좋은 아이디어를 떠올렸어. 플라스틱에도 학명을 붙이기로 한 거야. 플라스틱에 학명을 붙이고 연구하면 좋은 점들이 있어. 플라스틱이 다른 어떤 생물과 같은 무리인지, 어떤 특징을 갖고 있는지, 전 세계에서 발견할 수 있는지 아니면 어느 특정 지역에서만 사는지, 어떻게 살아가는지 등등을 알 수 있지. 또, 다른 언어를 사용하는 사람들끼리 서로 다르게 불러서 생기는 혼란을 막을 수 있고. 어느 나라에 살든 어떤 언어를 쓰든 플라스틱 문제를 해결하기 위해 함께 고민하기 쉬워.

    과학자들이 학명을 만들 때는 항상 라틴어를 사용해서 앞에서는 속명을, 그다음에는 종명을 붙여. 그리고

오른쪽으로 비스듬히 누운 글자인 이탤릭체로 쓰지. 예를 들어서 '병코돌고래'는 '투르시옵스 트룬카투스(*Tursiops truncatus*)'라고 부르고 '참돌고래는 '델피누스 델피스(*Delphinus delphis*)'라고 불러.

학명을 만드는 방법

(1) 속명: 겉모습, 색깔, 크기, 번식 여부를 따져 다른 것과 확실히 구분되게 나눌 수 있는 생물 무리예요.

(2) 종명: 속명에 속한 생물 무리를 다시 비슷한 특징에 따라 나누어요.

플라스티쿠스[1] 마리티무스[2]
Plasticus[1] maritimus[2]

이제 학명을 만들었으니 어떤 생물인지 아주 정확하게 알 수 있겠죠!

아나는 왜 플라스티쿠스 마리티무스라는 학명을 붙였을까? 플라스틱으로 만들어졌기 때문에 '플라스티쿠스(*Plasticus*)'를, 전 세계 바다와 해안가에서 발견할 수 있기 때문에 '마리티무스(*maritimus*)'를 붙인 거야. 마리티무스는 라틴어로 '바다의'라는 뜻이거든. 어때, 근사하지?

이상한 생물 도감

플라스티쿠스 마리티무스의 모든 것

학명: 플라스티쿠스 마리티무스 (페구, 2015)
plasticus maritimus (Pêgo, 2015)

학명 뒤에 그 생물을 발견한
과학자의 이름을 붙이는데,
페구는 아나의 성이에요.

생물이 발견된 해를
의미해요.

과: 플라스티시다에 *Plasticidae*
플라스틱으로 만들어진 모든 종류를 뜻한다.

특징: 매우 다양한 모습을 띠고 있다. 보통은
그물이나 물통처럼 눈으로 쉽게 모양을
확인할 수 있다. 하지만 형태를 잘 알 수 없을
때는 정확한 정체를 알기 위해 조사를
더 해야 한다.

색: 색이 다양하다. 눈에 잘 보이지 않는
투명한 색을 띤 것도 있다. 너무 작은 입자로
된 것은 색을 확인하기 어렵다.

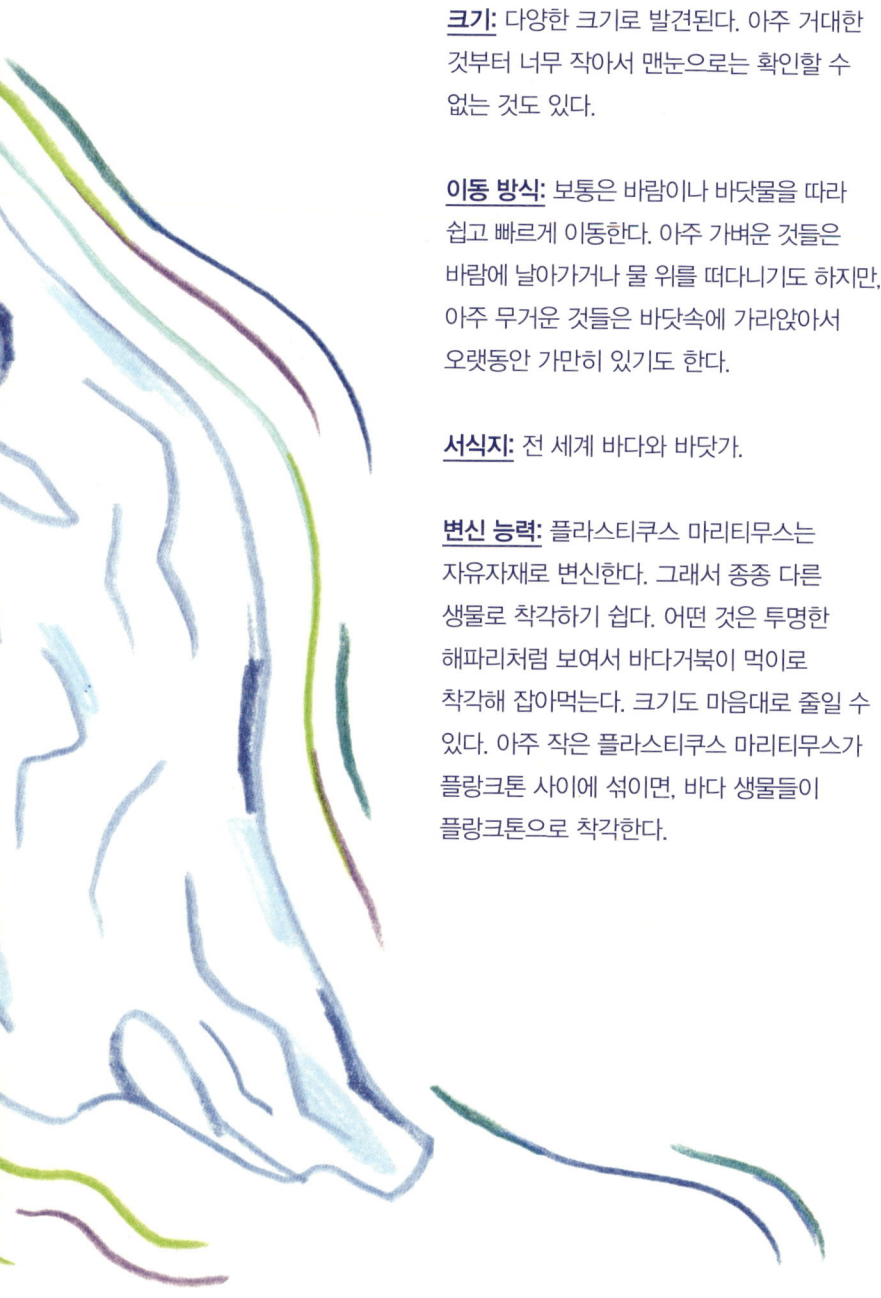

크기: 다양한 크기로 발견된다. 아주 거대한 것부터 너무 작아서 맨눈으로는 확인할 수 없는 것도 있다.

이동 방식: 보통은 바람이나 바닷물을 따라 쉽고 빠르게 이동한다. 아주 가벼운 것들은 바람에 날아가거나 물 위를 떠다니기도 하지만, 아주 무거운 것들은 바닷속에 가라앉아서 오랫동안 가만히 있기도 한다.

서식지: 전 세계 바다와 바닷가.

변신 능력: 플라스티쿠스 마리티무스는 자유자재로 변신한다. 그래서 종종 다른 생물로 착각하기 쉽다. 어떤 것은 투명한 해파리처럼 보여서 바다거북이 먹이로 착각해 잡아먹는다. 크기도 마음대로 줄일 수 있다. 아주 작은 플라스티쿠스 마리티무스가 플랑크톤 사이에 섞이면, 바다 생물들이 플랑크톤으로 착각한다.

적응력: 모든 생태계에 쉽게 적응한다. 아주 덥거나 추운 곳, 또 아주 짠 바닷물에서도 살 수 있다. 그래서 최근 몇십 년 동안 아주 빠르게 늘어났고, 전 세계 바다 생물의 서식지에 많은 영향을 주었다. 아무도 초대하지 않았는데도 바다 생물과 우리 삶에 깊숙이 침입했다. 아주 무시무시한 생물이다.

생애 주기: 태어난 지 얼마 안 됐을 때는 육지에서 발견된다. 그래서 플라스티쿠스 테레스트리스(*Plasticus terrestris*)로 착각할 수도 있다. (테레스트리스는 라틴어로 육지라는 뜻.) 대부분의 플라스티쿠스는 육지에서 바다로 이동한다. 바다에 도착하기까지 몇 분이 걸리기도 하고 아니면 며칠이나 몇 년이 걸리기도 한다.

독성: 보통은 독성이 매우 높고, 다양한 종류의 독을 갖고 있다. 바다를 떠다니면서 독성이 더 강해지기도 한다. 바다의 많은 오염 물질들이 플라스티쿠스 마리티무스에 들러붙기 때문이다.

특이점: 외부에서 바다로 침입한 생물.

천적: 현재로써는 천적이 없다. 모두에게 위험한 생물!

플라스티쿠스 마리티무스를 퇴치하는 방법: 가장 좋은 방법은 일회용 플라스틱을 사용하지 않는 것. (지금 우리가 사용하는 플라스틱의 50퍼센트, 그러니까 두 개 중 하나는 겨우 한 번씩만 사용되고 버려진다.) 플라스틱 제품의 생산을 줄이고 사용량을 줄여야 한다. 어쩔 수 없이 플라스틱을 사용할 때는 재활용을 하거나 재사용하자.

플라스티쿠스 마리티무스는 바다 생물과 인간 모두에게 위협적이에요. 자연을 망치는 악당들의 이름을 적어 놓은 명단에도 플라스티쿠스 마리티무스가 올라가 있지요. 바다와 우리 모두를 지키려면 침입종을 당장 퇴치해야 해요. 가장 좋은 퇴치 방법은 플라스티쿠스 마리티무스를 발견하는 즉시 재활용 수거함에 넣는 거예요.

바다에는 얼마나 많은 플라스틱이 있을까?

미국의 과학자 제나 잼벡은 매년 얼마나 많은 양의 플라스틱이 바다로 흘러 들어가는지 조사했어. 그 결과 매년 8백만 톤에 가까운 플라스틱이 바다로 떠내려간다는 거야! 대부분 물건이나 음식을 포장하는 데 쓰인 것이라고 해.

8백만 톤이라니! 1분마다 한 트럭 정도의 플라스틱이 쉬지 않고 바다에 버려진다는 뜻이야.

최근 연구에는 더 무서운 결과가 나왔어. 2025년쯤에는 바다로 떠내려간 플라스틱이 지금보다 두 배로 늘어날 거래. 인구가 늘수록 플라스틱 사용량도 점점 더 늘고 있기 때문이지. 이대로 가다 보면 2050년에는 바다에 물고기보다 플라스틱이 더 많아질 거야!

(1) 이 책을 쓰는 동안 영국에서 새로운 연구 결과가 나왔어요. 우리가 이 문제를 해결하기 위해 당장 적극적으로 나서지 않으면 앞으로 10년 안에 바다에 버려진 플라스틱이 세 배로 늘어날 거래요.

(2) 이 책에 사용할 사진들을 고르는 동안, 과학 학술지 「네이처」에서도 새로운 연구 결과를 발표했어요. 태평양에 떠다니는 플라스틱이 모여서 만들어진 쓰레기 섬이 무섭게 커져 가고 있다고 말이에요. 이 글을 쓰는 동안에도 플라스틱 쓰레기 섬은 벌써 한국의 약 17배 크기까지 커졌어요.

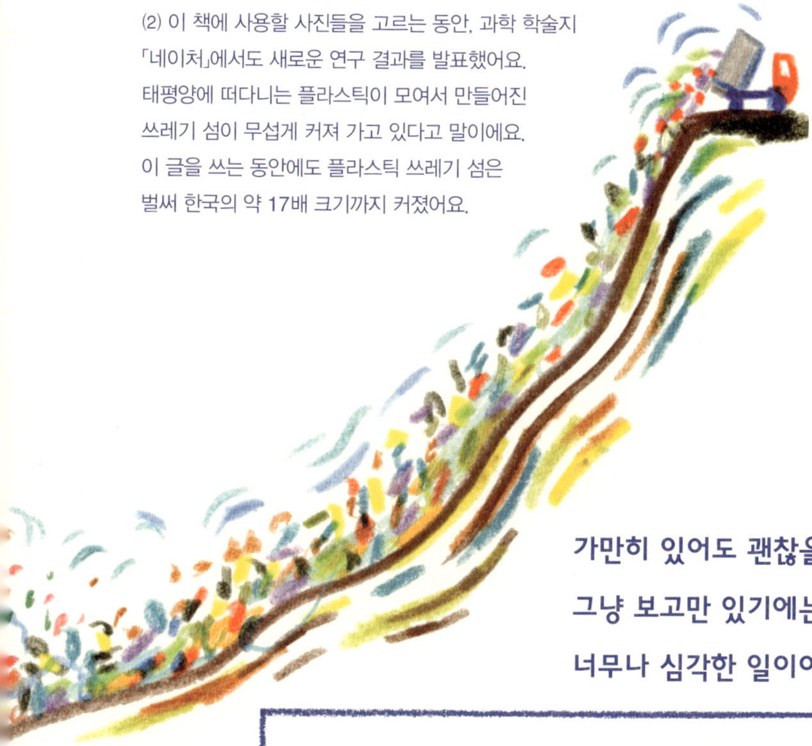

가만히 있어도 괜찮을까?
그냥 보고만 있기에는
너무나 심각한 일이야!

함께 생각해 보아요!

매년 몇 킬로그램의 플라스틱이 바다로 떠내려갈까요?
1톤 = 1,000킬로그램
8백만 톤 = 1,000킬로그램 x 8,000,000
= 대체 '0'이 몇 개나 더 붙어야 할까요?

매년 8백만 톤의 플라스틱이
바다에 버려진다는 걸
잊지 마!

어디에나 있는 플라스틱

플라스틱은 사람들이 많이 모여 사는 곳이나 바닷가 근처에만 있을까? 아니야. 지구의 모든 바다에 플라스틱이 있어. 심지어 북극이나 태평양의 외딴 섬처럼 아주 먼 곳에도 있지. 깊은 바닷속에 가라앉아 눈에 보이지 않는 플라스틱은 훨씬 많아. 그리고 이렇게 가라앉은 플라스틱은 영원히 떠오르지 않지.

  포르투갈의 과학자 크리스토퍼 킴 팸 박사는 플라스틱이 바닷속 어디까지 다다르는지 알고 싶었어. 그래서 가까운 바다에서부터 먼 바다까지, 대서양과 지중해의 32곳을 아주 자세히 조사했어. 그러고 나서 팸 박사는 모든 바닷속 바닥에 플라스틱이 존재한다는 결론을 내렸어. 바닷가에서 3,000킬로미터나 떨어진 대서양

한가운데에서도 플라스틱이 발견되었고, 심지어 아주 깊은 곳에도 있었다고 해!

팸 박사는 이렇게 말했어.
"플라스틱이 우리보다 먼저 바닷속에 도착해 있었어요!"

플라스틱이 썩으려면 얼마나 많은 시간이 걸릴까?

플라스틱의 종류나 크기, 햇빛에 얼마나 오래 노출되었는지, 물의 온도는 어떤지 등 여러 가지 이유로 플라스틱이 썩는 시간이 달라져. 또 플라스틱이 어디를 지나갔는지, 결국 어디에 도착했는지에 따라서도 달라질 수 있어. 보통 바다 위에 떠 있는 플라스틱보다 바닷속에 가라앉은 플라스틱이 썩는 데 더 오랜 시간이 걸려.

바다에 버려진 쓰레기가 썩기까지 걸리는 시간

일회용 기저귀 → 50~100년
주스 팩 → 100년
음료수 캔 → 80~100년
플라스틱 물병 → 450년
낚싯줄 → 600년

생분해성 소재란 무엇일까요?

생분해성 소재는 땅속이나 물속에 있는 박테리아나 다른 미생물에 의해 쉽게 분해되는 물질을 말해요. 전부 다 분해되면 이산화탄소와 물만 남게 되지요. 이산화탄소와 물은 자연에도 있으니 생분해성 소재로 만든 물건은 썩으면 다시 자연으로 돌아가죠. 하지만 플라스틱은 잘 썩지 않고, 너무 느리게 분해되기 때문에 완전히 사라지기까지 몇백 년이 걸려요.

동물들에게 플라스틱 쓰레기는 어떤 영향을 미칠까?

물고기, 새, 거북, 고래와 같은 바다 동물에게 플라스틱 쓰레기는 아주 위험해. 어떨 때 특히 위험한지 알아볼까?

1. 작은 플라스틱이나 눈에 보이지 않는 미세 플라스틱을 삼켜서 장기나 피부 조직에 쌓일 때
2. 플라스틱으로 만든 그물이나 고리에 걸릴 때
3. 플라스틱에서 나온 독성 물질이 바닷물에 흡착할 때
   ('흡착한다'는 말은 오염 물질의 분자가 바닷물이나 다른 물질의 분자 표면에 들러붙는 것을 의미해.)

플라스틱 때문에 고통받는 동물들

인터넷 사이트나 다큐멘터리를 보면 플라스틱 때문에 고통받는 동물들의 모습을 많이 볼 수 있어. 다친 동물들의 모습은 너무 충격적이어서 한 번 보면 잊어버리기가 힘들지. 이 책에서는 그런 동물들의 모습을 사진으로 보여 주지 않을 거야. 하지만 동물들이 어떤 고통을 받는지는 알아야 해.

1

사진작가 크리스 조던이 태평양의 미드웨이섬에서 죽은 새끼 앨버트로스를 카메라에 담았어. 배 속에 플라스틱 쓰레기를 가득 품고 죽어 있는 모습이었지. 어떻게 이런 일이 일어났을까? 어미 앨버트로스가 새끼들에게 플라스틱을 먹이로 주었기 때문이야. 동물들에게 다양한 색깔과 모양을 가진 플라스틱은 맛있는 먹이처럼 보여. 게다가 바다에 오랫동안 떠다니던 플라스틱은 해초나 작은 생물들로 뒤덮여 먹이와 같은 맛있는 냄새까지 나. 플라스틱을 먹은 동물들은 배고픔을 느끼다 결국 굶어 죽게 돼. 플라스틱은 소화가 되지 않아서 아무리 많이 먹어도 소용없거든.

2

2017년 노르웨이 해안에 돌고래 한 마리가 떠밀려 와 죽었어. 죽은 돌고래를 부검해 보니, 배 속에서 30개나 되는 비닐봉지가 나왔대. 2018년 태국에서는 비닐봉지 80개를 삼킨 돌고래가 발견되기도 했어!

3

물병과 음료수 캔 여러 개를 묶을 때 쓰는 플라스틱 고리를 본 적 있니? 이 플라스틱 고리가 바다거북 몸통에 끼면 등딱지가 제대로 자라지 못해서 이상하고 불편한 모습이 돼.

4

해파리는 바다거북이 가장 좋아하는 먹이야. 바다거북은 비닐봉지를 해파리로 곧잘 착각해 먹어 버리지. 비닐봉지를 먹은 바다거북들은 결국 죽고 말아.

5

뾰족한 플라스틱 조각에 찔려서 다치는 동물도 너무나 많아. 콧구멍처럼 몸에 난 구멍으로 들어간 플라스틱 때문에 다치기도 해.

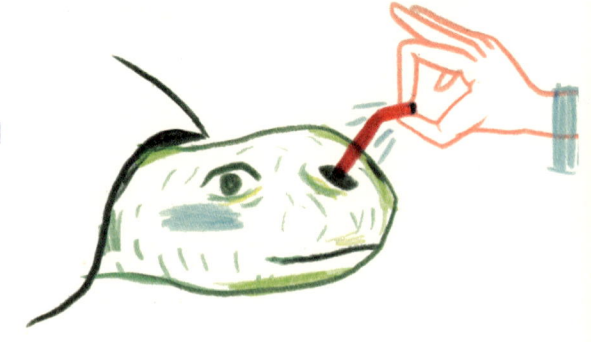

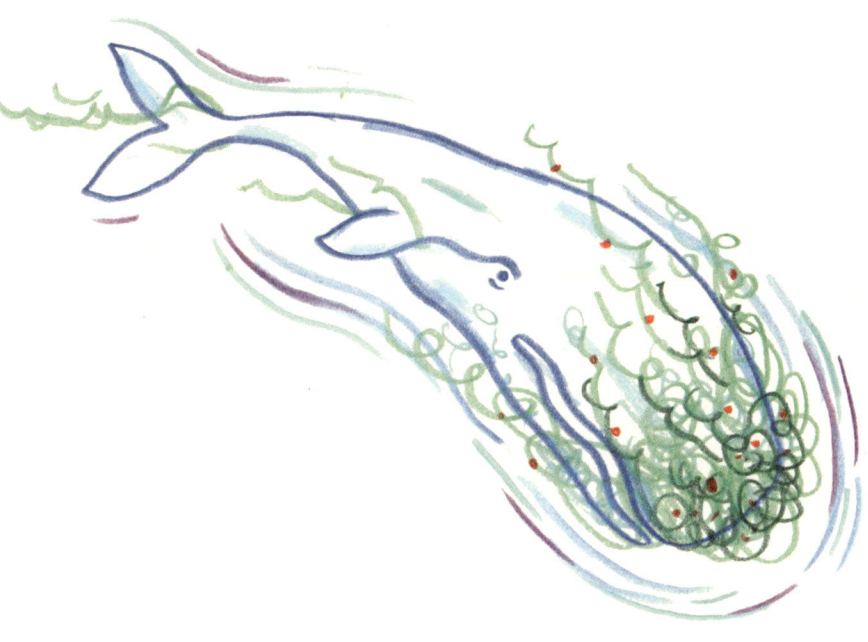

❻

플라스틱을 삼키는 것도 위험하지만 더 위험할 때도 있어. 바다를 떠다니는 그물에 엉키거나 플라스틱 용기에 갇혀 버리는 경우야. 몸을 움직이지 못하게 된 동물들은 물 위로 올라와 숨을 쉬지도 못하고 먹이를 찾지도 못해 죽고 말지. 이렇게 죽은 동물을 잡아먹으려고 온 다른 동물들 역시 그물에 걸려 위험해져.

> 포르투갈의 아소르스대학교에서 거북과 코리슴새(코리슴새는 지중해와 북대서양 연안에 서식하는 바닷새의 한 종류)의 배 속을 관찰해 보았어요. 어떤 결과가 나왔을까요? 거의 대부분의 거북과 코리슴새의 소화 기관에 플라스틱이 들어 있었다고 해요. 무려 거북은 80퍼센트, 코리슴새는 90퍼센트나 된대요.

새로운 생물, 플라스티쿠스 마리티무스 47

위험한 독성 물질

바다에는 보이지는 않지만 많은 독성 물질이 있어. 이제는 더 이상 사용하지 않는 위험한 화학 물질들도 있지. 그래서 바다에 오랫동안 떠다니던 플라스틱에는 그만큼 많은 독성 물질이 들러붙어 있어. 플라스틱은 다른 물질이 잘 들러붙는 특성이 있거든.

플라스틱에 붙은 독성 물질은 플라스틱이 아주 작은 입자로 쪼개져도 사라지지 않고 계속 남아. 독성 물질이 들러붙어 있는 아주 작은 플라스틱 조각을 바다 동물이 먹더라도 소화되거나 독성 물질이 사라지지 않고. 이 말은 독성 물질이 생선 같은 해산물을 거쳐 우리 몸속으로도 쉽게 들어올 수 있다는 뜻이야.

아주 작은 플라스틱이 아주 커다란 문제를 만들어

플라스틱은 바다를 떠다니는 동안 추위나 더위, 햇빛과 염분, 파도와 바람을 만나. 바위와 모래에 부딪히기도 하지. 그러면서 플라스틱은 점점 작게 쪼개져. 결국에는 수없이 많은 작은 조각으로 나뉘어지지.

이렇게 작은 플라스틱 가운데 5밀리미터 이하의 매우 작은 조각들을 '미세 플라스틱'이라고 불러. 미세 플라스틱은 아주아주 작은 크기라서 맨눈으로 보기 힘들어. 하지만 이 작은 것들이 아주 커다란 문제를 만들어 내지. 바다에서 모든 미세 플라스틱을 사라지게 하는 건 불가능해.

대체 무슨 일이 일어나는 거지?

미세 플라스틱이 사람의 건강에 어떤 영향을 미치는지는 아직 정확하게 밝혀지지 않았어. 하지만 일부 바다 생물에게는 치명적이라는 연구 결과가 있지. 바다 생물이 미세 플라스틱을 삼키면 염증을 일으키고, 세포에 해를 입힌다는 거야.

게다가 이 미세 플라스틱에는 종종 플라스틱을 만들 때 넣은 화학 첨가제가 들어 있거나 바다에 있는 오염 물질이 표면에 달라붙어 있기도 해. 이 물질들은 시간이 지날수록 생물의 몸속에 모여서 점점 더 많이 쌓이게 돼(이것을 생물 축적이라고 불러). 오염 물질이 생물의 몸속에 지나치게 많이 쌓이면 건강에 심각한 영향을 미쳐. 특히 내분비 기관에 아주 치명적이야. 내분비 기관은 우리 몸의 내부로 호르몬을 보내는 일을 하는데, 이곳에 문제가 생기면 생물이 제대로 성장하기 힘들고 번식을 하기도 어려워지지.

생물 축적이 뭘까요?

'생물 축적'이란, 물에 있는 오염 물질들이 살아 있는 생물의 몸속으로 들어가서 쌓이는 현상을 말해요. 플라스틱과 함께 오염 물질과 화학 첨가제가 바다 생물들(물고기나 새우, 조개 같은 갑각류)의 몸속에 축적되고, 결국에는 이런 바다 생물들을 먹는 사람의 몸속까지 들어갈 수 있다고 해요. 정말 무서운 일이죠!

플라스틱은 환류에 휩쓸려 점점 중심으로 들어가 커다란 '플라스틱 쓰레기 섬'을 만들어요. 여기서 '환류'란 바닷물이 아주 거대한 회오리바람처럼 흘러가는 현상을 말해요. 지구에는 5개의 플라스틱 쓰레기 섬이 있는데, 가장 커다란 플라스틱 쓰레기 섬은 하와이와 캘리포니아 사이에 있어요.
'플라스틱 쓰레기 섬'에 대해서 이야기하려면 '플라스틱 수프'를 이야기하지 않을 수 없어요.

바다에 떠다니는 플라스틱 조각들의 95퍼센트가 쌀알보다 더 작은 크기이고, 이것들이 모이면 마치 수프 건더기처럼 보여요. 그래서 플라스틱 수프라고 부르지요. 미국의 한 기관에서 전 세계 오대양을 다섯 번 탐사했어요. 그러고 어떤 결론을 내렸을까요? 적어도 5조 2천 5백억 개의 플라스틱 조각이 바다에 떠다닐 거라고 해요.

플라스티쿠스 마리티무스 기다려라, 우리가 간다!

무시무시한 플라스티쿠스 마리티무스를 관찰하고 수집하는 방법을 알아볼까? 아나의 설명을 잘 읽어 봐.

탐험가의 가방은 깨끗할 수가 없어.

플라스틱 쓰레기를 수집할 때 필요한 준비물

- 작은 주머니와 튼튼하고 큰 주머니(여러 번 쓸 수 있는 것으로 준비하자.)
- 거름망(미세 플라스틱을 골라낼 때 쓰여.)
- 크고 작은 유리병
- 장갑
- 작은 칼(플라스틱 사이에 끼어 있는 밧줄이나 그물을 자를 때 쓰면 아주 편리해. 칼을 사용할 때는 항상 어른에게 부탁하거나 어른이 옆에 있을 때만 써야 해.)

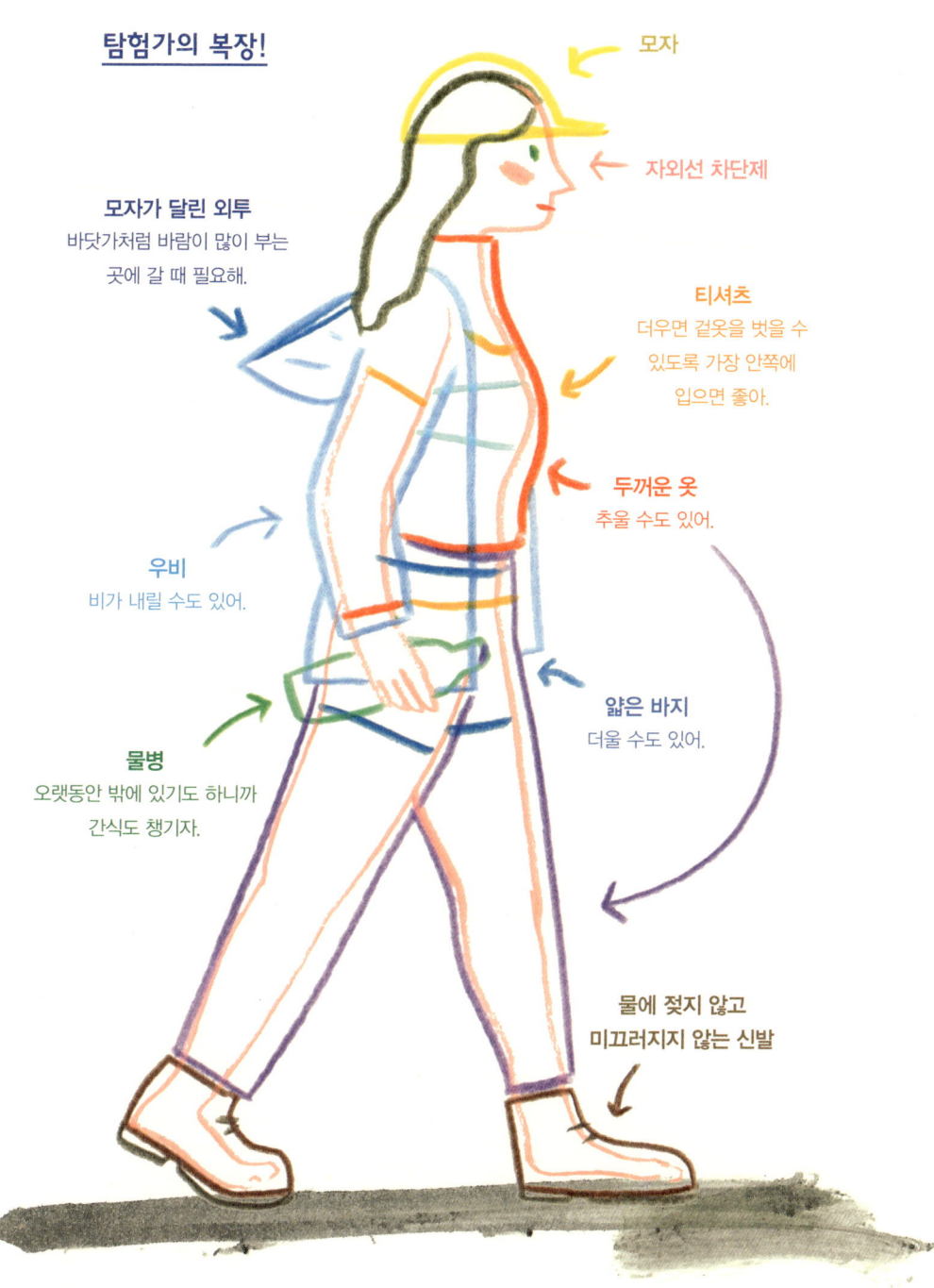

잊지 말고 목 뒤쪽에도 자외선 차단제를 꼭 바르자. 계속해서 바닥을 보고 있으면 평소에는 옷으로 감춰져 있던 부분이 햇볕에 잘 타거든. (햇볕에 목이 탄 적이 있는데, 너무 아팠어!)

좋은 아이디어

- 가방에 항상 주머니를 가지고 다니자. 언제든 바닷가 근처를 지나가게 될 수도 있으니까.
- 모래에서 미세 플라스틱을 골라낼 때는 거름망을 사용하면 돼.
- 자주 탐험을 가는 곳이고, 거기에 어떤 종류의 물건들이 많은지 이미 알고 있다면, 준비물을 미리 챙겨 두자. 커다란 쓰레기가 많은 곳에 간다면, 크기가 큰 주머니를 가져가는 게 좋겠지?

삽이 필요하지는 않을까?

보통 바닷가에서는 플라스틱 쓰레기가 모래 위에서 발견되기 때문에 삽으로 파낼 필요가 없어.

이런 일들이 생기면 곤란해!

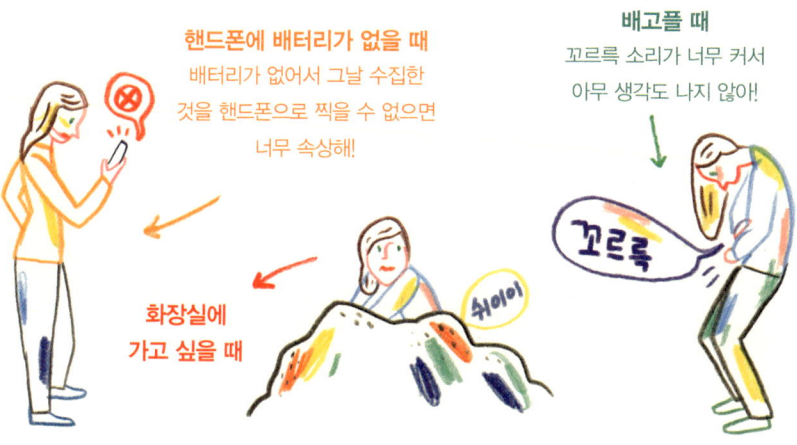

핸드폰에 배터리가 없을 때
배터리가 없어서 그날 수집한 것을 핸드폰으로 찍을 수 없으면 너무 속상해!

배고플 때
꼬르륵 소리가 너무 커서 아무 생각도 나지 않아!

화장실에 가고 싶을 때

그러니까 잊지 마!

▶ 출발하기 전에 잊지 말고 화장실 가기
▶ 집을 나서기 전에 밥을 먹고 핸드폰을 충전해 두기
▶ 물, 간식거리나 과일 챙기기

플라스틱 쓰레기를 수집할 때 지켜야 할 두 가지 규칙

아나는 바닷가에서 찾은 것을 집으로 다 가져오지 않아요. 하지만 두 가지 규칙을 세워서 꼭 가져오는 게 있어요.

▶ 무언가를 주웠는데 정체를 잘 모르겠으면 집으로 가져가 알아보기. 한번 주운 쓰레기는 다시 바닥에 내려놓지 말기.
▶ 바다 생물에게 위험할 만한 것들은 제일 먼저 줍기. 예를 들면, 스티로폼 (수백 개의 작은 입자로 쪼개지기 때문에), 비닐봉지, 그물 등.

바닷가에서 조심해야 할 것들

탐험을 하면서 가장 중요한 건 다치지 않는 거야. 어떤 것들을 조심해야 하는지 알아보자.

첫 번째 주의 사항

쓰레기를 수집하는 일은 장난이 아니야! 제대로 수집하는 방법을 잘 기억해 둬야 해.

플라스틱 쓰레기를 주울 때 조심해야 할 물건들
- 날카로워서 손을 다칠 수 있는 물건(유리, 캔 등)
- 손을 찔릴 수 있는 물건(바늘 등)
- 더럽거나 위험한 물건(끈적끈적하거나 이상한 액체가 담긴 병, 깡통을 조심해!)

두 번째 주의 사항

바다는 위험하기도 해. 항상 파도를 잘 살펴봐야 해. 파도가 높고 물살이 센 날에는 특히 더 조심하자.

어떤 것들을 조심해야 할까?
- 파도를 잘 살펴보고 항상 적당히 떨어져 있기.
- 바위가 많은 바닷가에서는 특히 더 조심하기. 발목을 다치기 쉬우니까 조심조심 다녀야 해.
- 녹조류가 낀 곳은 미끄러우니까 항상 잘 살펴보기. 녹조류는 우리 눈에 잘 보이지 않지만 바위 겉에 얇은 녹색 막을 만들기 때문에 그 위를 밟으면 아주 미끄러워.

바닷물은 어떻게 움직일까?

바닷물의 흐름은 달과 지구가 서로 끌어당기는 힘 때문에 생겨. 달이 지구 주위를 돌고 있는 것은 지구가 달을 끌어당기기 때문이야. 달도 지구를 끌어당기지만, 지구가 달을 끌어당기는 만큼 힘이 세지는 않아. 하지만 바닷물을 끌어당길 힘은 있어. 그래서 하루에 두 번씩 밀물과 썰물이 일어나지.

밀물? 썰물? 언제가 더 좋을까?

바닷물이 밀려 나가는 썰물 때 쓰레기를 수집하러 나가는 게 더 좋아. 성난 파도를 피해서 계속 도망 다니지 않아도 되니까. 또 다른 이유는 우리가 찾던 쓰레기나 보물이 바닷물이 밀려 나간 썰물 때 모래 위에 남겨지기 때문이야.

밀물과 썰물의 주기

바닷물은 6시간마다 밀물과 썰물을 반복해요. 그래서 하루에 두 번씩 썰물과 밀물이 생기죠. 그런데 바닷물은 매일 40~50분씩 지각을 해요. 만약 오늘 썰물이 12시에 일어났으면, 내일은 12시 50분쯤에 일어날 거예요.

바닷가로 나갈 때 준비해야 할 것

플라스틱 쓰레기를 수집하기에 좋은 계절은 언제일까?

나는 가을과 겨울에 플라스틱 쓰레기를 수집하는 걸 좋아해. (하지만 태풍이 불거나 파도가 너무 심한 날은 빼고!) 보통 가을에는 바닷물이 활발하게 움직여서 바다에 버려진 플라스틱 쓰레기를 바닷가로 많이 가져다 놓거든. 또 겨울에는 강하게 부는 바람이 플라스틱 쓰레기를 바닷가로 가져다 놓고, 파도가 세기 때문에 모래 속에 숨어 있는 플라스틱 쓰레기가 쉽게 드러나서 좋아.

여름이 제일 재미없어. 여름은 휴가철이라서 해수욕장에 놀러 온 사람들이 버린 플라스틱 쓰레기가 많아. 나는 바다를 오래 떠돌다가 온 플라스틱 쓰레기를 줍는 게 좋아. '신상' 쓰레기는 시시하고 내 마음에 썩 들지 않거든.

가장 좋은 장소는 어디일까?

내 경험상 작은 플라스틱 쓰레기를 수집하기에 가장 좋은 장소는 바람이 많이 부는 모래 해변이야. 큰 쓰레기를 줍고 싶다면 사람들이 많이 가지 않는 바닷가를 추천할게.

주의해야 할 점: 어린이들은 항상 어른과 함께 다니기! 바닷가를 다니면서 플라스틱 쓰레기를 수집하는 일은 위험할 수도 있어.

비치코머의 바닷가 탐험 달력

10월, 11월	여름에 해수욕을 즐기던 사람들이 다 떠나 버렸기 때문에 이제 바닷가는 내 차지야! 10월에는 바람이 불어서 모래 속에 묻혀 있던 것들이 겉으로 잘 드러나. 쓰레기를 수집하기에 아주 좋지.
1월	슬프게도 1월은 짐을 싣고 가던 선박들이 바다에 컨테이너를 떨어뜨리는 사고가 많기로 유명해. (우연히도 1월에 이런 일이 많이 생겨!) 이런 사고가 일어나면 비치코머들은 한데 모여 바닷가에 쓰레기를 주우러 출동하지.
4월 (장마철)	포르투갈에서는 4월이 비가 많이 내리는 장마철이야. 하수 처리장에서는 많은 물을 바다로 내보낼 수밖에 없지. 그래서 화장실에서 볼 수 있는 물건들이 바닷가에서 쓰레기로 발견돼. (화장품 용기의 뚜껑이나 면봉 같은 거 말이야.)
6월	포르투갈에서는 축제가 많은 달이야. 그만큼 많은 풍선을 하늘로 날려 보내지. 날씨도 좋아서 사람들이 소풍을 가거나 산책을 하며 플라스틱 병이나 컵을 많이 써. (날씨가 더울 때 음료수를 더 많이 마시잖아.) 그래서 쓰레기통에 쓰레기가 피라미드처럼 쌓이기 시작하지. 그러다가 쓰레기 피라미드가 무너지면, 쓰레기들이 바람에 날아다니다 바다에 도착해.
7월, 8월, 9월	위험 경보: 바닷가 카페나 식당에 있던 빨대들이 바람에 날아와!

비치코머에게 종종 생기는 우스운 일들

바닷가에서 플라스틱 쓰레기를 수집할 때, 당연히 난 바닥만 보면서 걸어 다녀. 그래서 바닷가를 거닐던 사람들은 내가 물건을 잃어버렸다고 생각하기도 해. (내가 봐도 비치코머들이 쓰레기 수집하는 건 정말 잃어버린 물건을 찾는 것처럼 보이긴 해!) 종종 나를 보고 "뭐 잃어버린 거 있어요?" "조개껍질을 줍는 거예요?"라고 물어보는 사람도 있어. 어떤 사람들은 나를 쭉 지켜보다가 "아! 플라스틱을 줍고 있구나!" 하고 깨닫기도 하지.

 매번 바닷가에서 다양한 물건을 발견하기 때문에 비치코머로 활동하는 게 재미있어. 아침에 눈을 뜨면 "오늘은 뭘 발견하게 될까?" 하고 스스로한테 물어보지.

하지만 며칠씩 같은 물건이나 같은 색의 쓰레기를 발견하는 날도 있어. 아침에만 무려 장갑 7개를 발견했던 '장갑의 날', 같은 바닷가에서 빨대 133개를 주웠던 '빨대의 날'도 있었어. 또 '병뚜껑 253개의 날', '파라솔 꼭지 40개의 날', '낚시찌의 날'도 있었지.

아나, 보물 상자를 찾을 때도 있나요?
금화와 값진 물건이 가득한 보물 상자 말이야? 아직 보물 상자를 발견한 적은 한 번도 없어. 하지만 지폐를 주운 적은 있어. 정말 운이 좋았지. 종종 동전을 발견하기도 해.

평범한
플라스틱 생물들

흔히 볼 수 있는 플라스틱 생물
(플라스티쿠스 마리티무스 불가리스 Plasticus maritimus vulgaris)

파도는 매일 매 시간마다 바닷가로 쓰레기를 밀어내. '포르투갈 바다 쓰레기 협회'에 따르면, 바닷가에서 발견되는 쓰레기의 80퍼센트가 플라스틱이래. 그중 가장 많이 발견되는 쓰레기 10가지를 소개할게.

1. 담배꽁초
2. 면봉
3. 음식물 포장지
   (감자튀김, 과자 등)
4. 병뚜껑
5. 물병
6. 낚시 그물, 낚싯줄
7. 음료수 포장 용기
   (요구르트 통, 주스 병 등)
8. 비닐봉지
9. 캔
10. 유리병

불가르(Vulgar)는 라틴어로 대중적이라는 뜻!

이 많은 쓰레기는 대체 어디에서 오는 걸까요?
(그리고 이 많은 플라스틱은 어디서 오는 걸까요?)

흔히 바다에서 발견되는 쓰레기는 바닷가에 버려졌거나 바닷가에 있는 식당이나 카페처럼 가까운 곳에서 왔다고 생각하죠. 하지만 사실 바다에서 발견되는 쓰레기는 훨씬 더 먼 곳에서 와요.
- ▶ 예를 들면 쓰레기장에서 날아올 수도 있고
- ▶ 하천이나 강을 타고 올 수도 있고
- ▶ 우리 집의 하수구를 타고 올 수도 있어요.
  (더 자세히 알고 싶다면 110쪽을 보세요.)

바다에서 발견되는 쓰레기들 중 5분의 4는 육지에서 버려진 거예요. 나머지 5분의 1은 바다에서 낚시하는 사람들, 관광객을 태운 배, 수중 스포츠, 바다 깊은 곳에서부터 석유를 끌어올리는 장치 등에서 생기는 쓰레기예요.

플라스티쿠스 마리티무스 불가리스의 정체

플라스티쿠스 마리티무스 불가리스는 바닷가에서 흔히 볼 수 있어. 너무 자주 발견되어서 큰 문제야. 그럼 플라스티쿠스 마리티무스 불가리스의 정체를 알아볼까?

담배꽁초

출처: 대부분 바다에 바로 버려지거나 변기에 버려진다. 도로나 길가, 도랑이나 강변에 버려진 것도 하수나 빗물, 도로를 청소하는 물을 타고 바다까지 떠내려가기도 한다.

특징: 담배는 종이로만 만들어진 것 같지만 필터 안에 플라스틱이 들어 있다. 또 바다 동물에게 해로운 독성 물질도 들어 있다. (담배는 피는 사람에게만 해로운 게 아니야!) 담배꽁초가 분해되기까지는 1~5년이라는 시간이 걸린다.

주의 사항: 담배꽁초를 주울 때는 항상 장갑을 낄 것!

면봉

출처: 많은 사람들이 별생각 없이 변기에 버린 면봉이 바다로 흘러 들어간다.
특징: 다양한 색상의 가느다란 플라스틱 막대. 대부분 면봉 끝의 솜이 없어진 상태로 발견되어 사탕 막대라고 착각하기 쉽다.
발견 장소: 대부분 모래 해변에서 발견. 바위틈이나 돌이 많은 바닷가에서 발견되기도 한다.

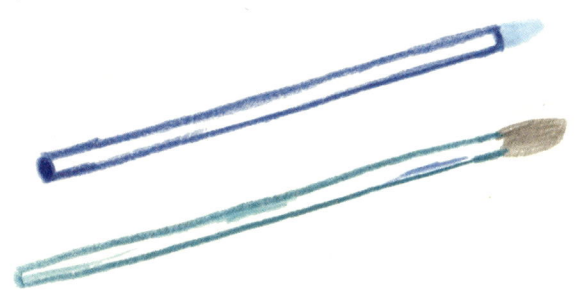

음식물 포장 용기

출처: 사람들이 '깜빡하고' 바닷가에 두고 간다. 쓰레기통이나 재활용 쓰레기장에서 바람을 타고 날아오거나 동물들이 쓰레기통을 뒤져서 꺼내기도 한다.
특징: 다양한 모양과 재질로 만들어졌다.
주의 사항: 음식물을 포장했던 플라스틱은 대부분 재활용하거나 재사용하기가 어렵다.
(더 자세한 내용을 알고 싶으면 112쪽을 확인해 봐.)

평범한 플라스틱 생물들

물병 + 뚜껑 + 뚜껑 고리

플라스틱 병은 1초 동안 전 세계에서 2만 개가 넘게 사용돼. 하지만 이 중 겨우 7퍼센트만 재활용되지. 물병 하나에는 뚜껑 한 개와 병과 뚜껑 사이 고리 한 개가 있는데, 이것들은 물병에서 쉽게 떨어져 나가기 때문에 재활용할 때 빠트리기 쉬워.

출처: 식당이나 카페, 해변, 공원, 하수 등
분해하는 데 걸리는 시간: 약 450시간!
특이한 점: 일회용 플라스틱 물병을 사용하기 시작한 지는 겨우 50~60년 남짓. 그런데도 이 플라스틱 생물은 너무나 빨리 우리 삶 속에 들어와 버렸다.
좋은 아이디어: 여러 회사가 병에서 따로 떨어지지 않는 병뚜껑을 개발하고 있다. 앞으로는 플라스틱 병뚜껑이 제멋대로 여기저기 돌아다니지 않게 될 듯!

한번은 포르투갈의 카부 하소 바닷가를 걷다가 겨우 20분 만에 플라스틱 뚜껑 253개를 찾아낸 적도 있어!

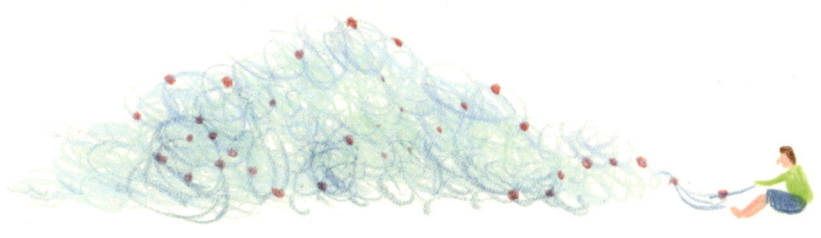

낚시 그물과 낚싯줄

출처: 어부나 낚시꾼들이 다 쓰고 나서 항구나 바닷가에 버린다.
특징: 낚시에 쓰이는 그물이나 낚싯줄은 대부분 플라스틱으로 만들어진다.
위험성: 바다에 버려지는 낚싯줄이 정말 많은 데다 오랫동안 바다를 떠돌아다닌다. 많은 바다 생물들이 여기에 걸려서 죽는다. (그래서 낚싯줄을 '유령 그물'이라고도 불러.) 시간이 지나면 작은 미세 플라스틱으로 분해되어서 먹이 사슬에 쉽게 들어간다.
특이한 점: 최근에는 바다에 버려진 그물을 이용해서 수영복, 청바지 등 새로운 제품을 만드는 회사들이 생겼다.

비닐봉지

출처: 하수를 타고 바다로 흘러오거나 쓰레기장에서부터 바람을 타고 바다로 날아온다.
특징: 바닷속에서는 해초처럼 보인다! 그래서 바다거북이 먹이로 착각하고 먹는다.
특이한 점: 비닐봉지를 아예 안 쓰는 건 어렵다.

스티로폼

출처: 많은 낚시꾼들이 스티로폼 덩어리를 낚시찌로 사용한다. 또 미끼를 담는 통으로 만들기도 한다.

특징: 아주 가볍고, 바람에 쉽게 날아간다. 물에 잘 뜨기도 하며 수많은 작은 조각이나 알갱이로 쪼개진다.

위험성: 바다 동물들이 스티로폼 '알갱이'를 다른 동물의 알로 착각해서 먹는 일이 많다!

좋은 아이디어: 가전제품을 포장하는 데 많이 쓰인다. 가전제품을 포장할 때 스티로폼 대신에 두꺼운 종이를 사용하면 어떨까?

펠릿

우리가 알고 있는 모든 종류의 플라스틱을 만드는 데 쓰이는 재료야. 슬프게도 전 세계의 모든 바닷가에서 펠릿이 발견돼.

출처: 플라스틱으로 된 물건을 만드는 과정에서 빠져나오거나, 공장으로 실려 가는 도중에 빠져나온다. 플라스틱 제품을 만드는 곳과 플라스틱을 사용하는 곳을 청소할 때 빠져나오기도 한다.
특징: 작은 돌이나 모래알과 비슷한 모양과 색깔이다. 그래서 바닷가에서 발견하기가 쉽지 않다.
위험성: 많은 바다 동물이 다른 동물의 알로 착각하고 삼킨다.
특이한 점: 영국에서 활동하는 비치코머들은 펠릿을 '인어의 눈물'이라고 부르기도 한다.

기억해야 하는 중요한 사건들

풍선 전쟁

우리는 좋은 일을 축하할 때나 기념일에 풍선을 날려. 그렇게 하늘로 날아간 풍선들은 어디로 갈까? 바람에 날려서 먼바다로 떨어져. 2007년, 프랑스 노르망디 지역에 사는 사람들은 바닷가에 떠밀려 온 풍선들을 보고 깜짝 놀랐어. 알고 보니 네덜란드에서 아주 유명한 축제인 여왕의 날을 기념해 풍선을 날렸는데, 이 풍선들이 800킬로미터나 여행을 해서 프랑스까지 왔던 거야.

풍선 때문에 고통받는 바다 생물이 너무나 많아. 풍선 조각을 삼키거나 풍선에 달린 줄에 몸이 감겨 움직일 수 없는 바닷새들은 결국 질식하거나 굶어 죽기도 해.

어떻게 해야 할까?

기상학자들이 날씨를 연구할 때도 풍선을 사용해. 하지만 이런 일을 빼면 풍선은 우리가 살아가는 데 꼭 필요한 물건은 아니야. 제일 좋은 건 풍선을 아예 쓰지 않는 거고, 쓰더라도 나중에 꼭 쓰레기통에 넣어야 해.

주목할 점: 천연 고무로 만든 친환경 풍선은 괜찮을까? 친환경 풍선도 3~4년까지 자연 속에 남아 있어. 결국 친환경 풍선도 자연환경에 해를 입혀.

내가 가장 좋아하는 해변에서 하루 동안
빨대 133개를 찾아낸 적도 있어.

바람에 날아가는 빨대

몇 년 전, 코스타리카의 과학자 두 명이 바다거북을 연구하다가 숨쉬기 힘들어 하는 바다거북 한 마리를 발견했어. 자세히 보니 거북의 콧구멍 한쪽이 플라스틱 빨대로 막혀 있었던 거야. 과학자들은 이 빨대를 빼내는 수술 과정을 비디오로 촬영해서 인터넷에 올렸어. 이 영상을 본 많은 사람들은 플라스틱 빨대를 쓰지 않겠다고 결심하게 되었지.

플라스틱 빨대는 항상 재활용할 수 없어. 게다가 대부분 가벼운 플라스틱 비닐로 포장되어 있지. 빨대와 비닐 포장지는 너무 가벼워서 바람에 잘 날려. 바다와 가까운 곳에 있는 식당이나 카페에서는 너무나 쉽게 바다로 날아가겠지? 바다에서 멀리 떨어져 있어도 바람에 날아간 빨대가 하수를 타고 바다로 떠내려갈 수 있어.

유럽에서만 이미 1년에 빨대 36억 개가 사용되고 버려져! 빨대는 우리가 살아가는 데 꼭 필요한 물건은 아니야. 물론 병에 걸려서 아픈 사람이나 손으로 직접 음식을 먹기 힘든 사람에게는 빨대가 꼭 필요하겠지. 하지만 여러분은 빨대 없이도 아주 맛있게 음료수를 마실 수 있을 거야!

특이한 플라스틱 생물들

특이한 플라스틱 생물
(플라스티쿠스 마리티무스 엑소티쿠스 *Plasticus maritimus exoticus*)

바닷가를 산책하다 보면 앞에서 이야기한 평범한 플라스틱뿐만 아니라 어쩌면 특이하고 미스터리한 플라스틱을 발견할 수도 있어. 특이한 플라스틱은 시간과 공간을 뛰어넘어서 여행해. 이 특이한 플라스틱의 과거를 조사하면 바다에서 플라스틱이 어떻게 이동하고, 또 어떻게 분해되는지를 이해할 수 있어. 하지만 이것들이 어디서 왔는지, 얼마나 오랫동안 바다를 떠다녔는지 정체를 파악하는 게 어려운 순간도 있어. 그럴 때는 인터넷에 접속해서 바다 쓰레기에 관심을 갖고 있는 전 세계의 사람들과 연락해 봐.

특이한 플라스틱 생물을 조사하는 멋진 국제 네트워크

나는 바다 쓰레기에 대해 알리는 여러 페이스북 페이지를 팔로우하고 있어. 그러다 어느 날 생각했지. 내가 직접 '플라스티쿠스 마리티무스'라는 페이지를 만들어야겠다고! 나는 이 페이스북 페이지를 통해서 전 세계의 비치코머들과 이야기를 해. 바닷가에 밀려오는 수많은 플라스틱 생물들의 정체에 대해서 토론도 하고 조사도 하는 거야. 비치코머들 중에 트레이시 윌리엄스라는 영국 사람이 있어. 트레이시는 누군가 바닷가에서 잃어버린 물건들을 가장 열심히 관리하는 사람이야. 트레이시는 '뉴키 지역 비치코밍(Newquay Beachcombing)'과 '로스트 앳 씨(Lost at Sea)'라는 프로젝트를 만들어서 활동하고 있어. 전 세계인들과 연락을 주고받으면서 이미 정말 많은 것들의 정체를 파악하는 데 성공했지! '로스트 앳 씨' 페이스북은 아쉽게도 지금은 없어졌어. 하지만 이런 활동을 하는 페이스북 페이지는 아직도 아주 많아.

엑소티쿠스(exoticus)는 라틴어로 '특이한', '외국에서 온'이라는 뜻!

아나가 발견한 여러 나라의 특이한 플라스틱 생물들

발견 생물: 게와 새우를 잡는 미끼통
발견 장소: 포르투갈 아조레스 제도와 카스카이스의 여러 바닷가
발견 날짜: 2016~2017년

미국과 캐나다에서 게와 새우를 잡으려고 미끼를 담았던 통. 이 사진을 찍은 날에는 미끼통 두 개와 뚜껑 두 개를 따로따로 주웠다. 하지만 이날뿐 아니라 전부터 많이 발견되었다.

발견 생물: '운명(DESTINY)'이라고 쓰인 부표
발견 장소: 포르투갈 아히바 바닷가
발견 날짜: 2016년 5월 5일

카스카이스의 아히바 바닷가에서 발견된 부표. 따개비가 많이 붙어 있는 걸로 보아 오랜 시간 바다를 떠돌아다닌 것 같다. 그런데 이 부표는 어디에서 왔을까? 얼마나 오랫동안 떠돌아다녔을까? 페이스북에 이 사진을 올려 사람들에게 물었지만 100퍼센트 정확하게 아는 사람은 없었다. 나중에 이 사진이 '로스트 앳 씨' 페이스북에 공유되었고, 11일이 지나자 에런 소아레스라는 어떤 미국 사람이 이 부표의 과거를 알고 있다고 답했다. 이 부표는 미국 뉴저지주에서 황새치와 참치를 잡는 낚싯배에 달려 있던 것이고, 그 배에 에런이 타고 있었다고 한다. 이 부표는 뉴저지에서 포르투갈 아히바 바닷가까지 무려 5,454킬로미터나 되는 거리를 이동했다!

발견 생물: 러시아 해군의 비상용 물주머니
발견 장소: 포르투갈 카스카이스 지역 아바노 바닷가
발견 날짜: 2016년 6월 10일

'운명(DESTINY)' 부표를 발견하고 한 달쯤 지났을 때, 아바노 바닷가에서 러시아어와 영어로 글씨가 쓰인 물주머니를 발견했다. '마시는 비상용 물'이라고 써 있었다. 선박이 조난당할 경우, 사람들을 구조하는 데 쓰는 구명정(큰 배에 딸린 작은 배)에 마련해 둔 비상용 물인 것 같았다. 알고 보니 러시아 해군의 배에서 왔다고 한다.

발견한 생물: '두 배의 행복'이라고 쓰인 중국 담배가 담긴 캔
발견 장소: 포르투갈 카스카이스 지역 카보 하소
발견 날짜: 2016년 6월 18일

카보 하소에서 발견한 '두 배의 행복(DOUBLE HAPPINESS)'이라고 쓰인 중국산 담배가 담긴 캔. 뚜껑을 열어 보니, 그 안에는 담배꽁초가 아주 많았다. 캔 사진을 페이스북에 올리자 여러 나라의 많은 사람들이 자기가 살고 있는 바닷가에서도 똑같은 캔을 찾았고, 그 안에도 담배꽁초가 들어 있었다고 이야기했다. 지금까지도 사람들이 여러 가지 추측을 하고 있지만 이 캔이 어디에서 왔는지, 왜 담배꽁초를 그 안에 담았는지는 모른다. 선원들이 배를 타고 항해하면서 이 캔을 재떨이로 쓴 다음, 바다에 그대로 버렸을 가능성이 가장 크다.

발견 생물: 플라스틱 인형
발견 장소: 카스카이스섬과 알렌테자나 근처 바닷가
발견 날짜: 2016~2017년

맨 처음 이 플라스틱 인형을 발견했을 땐 너무 신기했다. 그런데 비슷한 인형을 하나 더 찾고, 계속해서 여러 개를 찾자 이것들이 어디에서 왔는지 궁금해졌다. 알고 보니 이 인형들은 1970년대에 한 아이스크림 회사에서 그 당시 유행하던 만화 주인공들을 본떠 만든 기념품이었다. 카스카이스 바닷가에서는 아직도 이 인형들이 많이 발견된다.

발견 생물: 갈매기가 토한 플라스틱
발견 날짜와 장소: 2016년 3월 4일 크리스미나 바닷가,
2016년 3월 15일 콘세이상 바닷가

갈매기는 거북의 등딱지나 게딱지 같은 것을 먹으면 소화하지 못하고 토해 낸다. 당연히 플라스틱 조각도 소화하지 못하고 토해 낸다. 그나마 토할 수 있으면 다행이지만 모든 새들이 갈매기처럼 플라스틱을 토하는 건 아니다. 다른 새들의 배 속에서는 플라스틱이 점점 쌓이게 될 것이다. 이 사진을 인터넷에 올렸더니, 로렝 콜라시라는 프랑스 해양과학기술기구의 과학자가 나에게 갈매기들이 토한 것들을 찍은 사진을 전부 다 보내 달라는 연락을 해 왔다. 로렝은 네덜란드의 조류학자 반 프레네케와 함께 바닷새를 연구하고 있다. 특히 바닷새가 미세 플라스틱의 종류인 펠릿이 든 오염 물질을 삼키면 얼마나 위험한지를 연구하고 있다. 여러 새들 중에서도 슴새(학명: *Fulmarus glacialis*)라고 불리는 새들이 어떤 이유로 먹이 대신 플라스틱을 먹게 되는지 조사한다. 슴새를 연구하면 북유럽 바다가 얼마나 심각하게 오염되었는지 알 수 있다고 한다.

발견 생물: 바닷가재를 잡는 통발의 이름표
발견 장소: 포르투갈 아조레스 제도의 카스카이스섬, 파이아우섬 바닷가
발견 날짜: 2016~2017년

미국과 캐나다에서는 바닷가재를 잡는 통발에 전부 플라스틱 표식을 붙인다고 한다. 이 이름표에는 바닷가재를 잡는 것을 정부로부터 허가받았다는 정보가 적혀 있다. (허가 번호, 허가 지역, 년도, 국가 등이 쓰여 있어.) 캐나다 과학자 줄리-소피 트람블레이는 바닷가에서 발견된 플라스틱 이름표를 수집해서 지도에 발견된 지역을 표시하고 있다. 지도를 보면 이름표들이 얼마나 먼 곳까지 가서 바다를 오염시키고 있는지 알 수 있다. 줄리-소피는 캐나다 정부에 이 지도를 보여 주면서 플라스틱 이름표가 바다를 오염시키고 있으니 다른 재료로 이름표를 만들어 달라고 요청하고 있다.

아나가 주는 힌트

이 물건이 얼마나 오랫동안 바다를 떠다녔는지 어떻게 알 수 있을까?
잘 살펴보면 증거를 찾을 수 있어! 살아 있는 생물이 붙었는지를 살펴보는 거야.
예를 들어 해초나 산호초, 거북손, 바다지렁이, 따개비 등이 붙었을 수도 있지.

특이한 플라스틱 생물들

정체를 알 수 없는 미스터리한 플라스틱 생물들

(플라스티쿠스 마리티무스 콤플리카두스 *Plasticus maritimus complicadus*)
콤플리카투스(complicatus)는 라틴어로 '복잡하다'라는 뜻이에요.

'잠금(seal)'이라는 글자가 쓰인 주황색 플라스틱 조각들

2015년 9월에 바닷가에서 발견된 주황색의 플라스틱 조각들이야. 나는 1년이 넘도록 이 조각들의 정체를 알아내지 못했어. 그런데 2016년 7월 어느 날, 하룻밤 사이에 드디어 미스터리가 밝혀졌어! 나는 어느 행사에서 정체를 알 수 없는 이 플라스틱 조각들을 보여 주고 사람들과 이야기를 나누었어. 그 후 며칠이 지나서 마누엘 페르난데스라는 한 남자가 나에게 수수께끼를 풀었다고 이메일을 보냈지 뭐야. 이 플라스틱 조각들은 '칙칙이(스프레이)'처럼 생긴 자외선차단제 통을 안전하게 잠그는 꼭지였어! 마누엘은 어느 날 우연히 바닷가에서 새로 산 자외선차단제의 뚜껑을 열다가 이 플라스틱 꼭지를 부러뜨렸고 그때 깨달았다고 해. 사진에서 본 플라스틱 조각이 바로 이거였구나, 하고 말이야.

혈당 확인용 바늘

대체 무슨 물건인지 모르겠다고? 나도 이 플라스틱의 정체를 알아내는 데 한참이 걸렸어. 이 플라스틱에는 의약품 회사 이름이 새겨져 있어서 그저 병을 치료하는 데 사용하는 물건일 거라고 생각했어. 하지만 정확히 어디에 쓰는 물건인지, 이게 왜 바닷가에 있는지는 알 수 없었지. 어느 날 병원에 가는 김에 이 플라스틱 조각도 가져갔어. 결과는 대성공! 간호사들은 이 물건을 한눈에 알아봤지. 바로 당뇨병에 걸린 환자들이 집에서 쓰는 거였어. 당뇨병은 핏속에 당분(설탕)이 너무 많아서 생기는 병인데, 당뇨병을 앓고 있는 사람들은 매일 손가락을 살짝 찔러서 피를 한 방울씩 뽑아. 혈당이 너무 높지 않은지 확인해야 하거든. 그런데 이 플라스틱 바늘은 왜 이렇게 바닷가에서 자주 발견될까? 이 바늘을 쓰고 나서 변기에 버리는 사람들이 많은 것 같아. 변기 속에 바늘을 걸러 주는 필터가 있을 거라고 생각하면서 말이야. 변기에 필터가 있었다면 이런 일은 일어나지 않았겠지.

파라솔 꼭지

사진 속 하얀 플라스틱은 정말 풀기 어려운 수수께끼였어. 얼핏 보기에는 대체 무슨 물건인지 모르겠지? 사실 이것은 우리가 여름마다 자주 보는 흔한 물건에 달려 있는 거야. 나도 너무 궁금해서 죽을 뻔했는데, 다행히도 어느 날 한 학교를 방문했을 때, 어떤 남자아이가 정답을 알려 주었어.
그 친구는 이 플라스틱을 찬찬히 살펴보더니 파라솔 막대 끝에 붙어 있는 꼭지라고 말해 줬어. 파라솔을 모래에 단단하게 박기 위해 이 꼭지가 있는 거래. 문제는 이 꼭지가 자주 모래 속으로 파묻혀서 사라져 버린다는 거지. 그러다 여름이 끝나고 세찬 파도가 일기 시작하면 숨어 있던 이 플라스틱 꼭지들이 모래 위로 밀려 올라오는 거야. 바닷가에서 파라솔 꼭지를 하루에 40개나 주운 적도 있어!

여러분이 직접 미스터리를 풀어 보세요!

이 플라스틱이 어디에 쓰이는 것인지 맞혀 볼래?

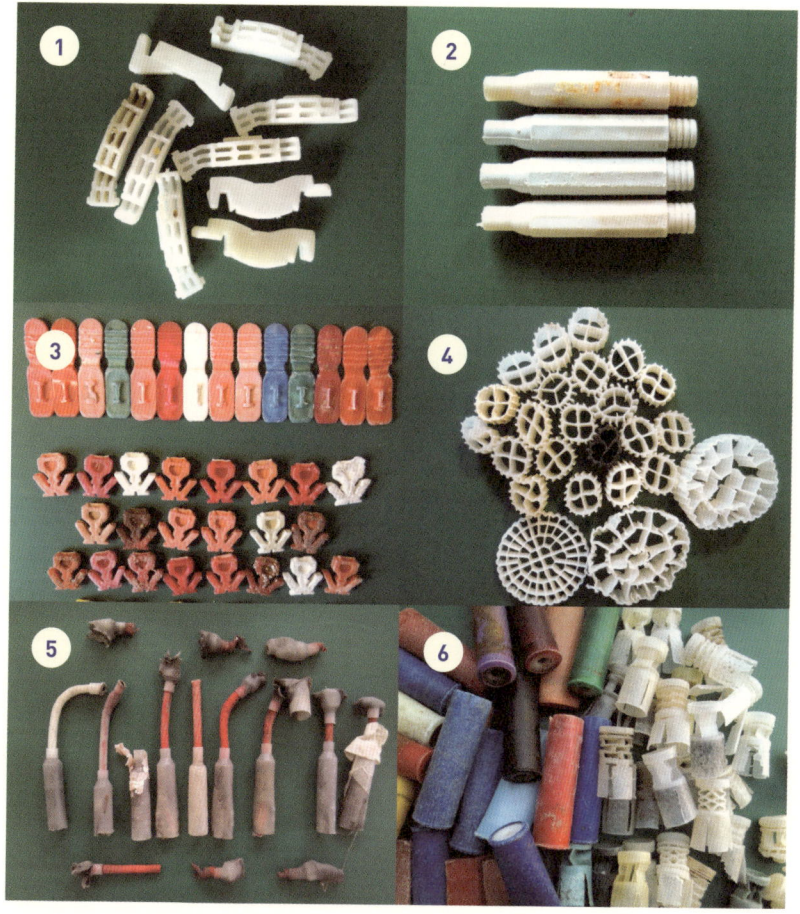

정답: 1) 생선상자 모서리 (생선이 담긴 플라스틱 상자 사이에 끼워 넣어요), 2) 이건 아직 미스터리예요. 누구 아는 사람 있나? 3) (우주 장난감도 프랑스였다면) 상자 안에 들은 장난감 소꿉 대신 사용됐어요. 4) 프랑스 정수장에서 쓰는 차집장에서 쓴 정화장 필터, 5) 폭죽놀이를 하고 난 후 남은 부속이에 사용돈 조각 6) 사냥꾼들이 사용하는 탄약통

특이한 플라스틱 생물들   97

컨테이너가 바다에 떨어지면 어떤 일이 벌어질까?
(그리고 그 안에 들어 있는 플라스틱이 바다에 흩어지면?)

2017년 한 해 동안에만 1억 3천 개의 컨테이너가 배에 실려 바다를 건넜어. 어마어마한 숫자지? 음식이나 옷 등 우리가 소비하는 물건의 90퍼센트가 배로 이동하기 때문이야.

가끔씩 물건을 운반하던 배에 사고가 나면 컨테이너가 배 밖으로 떨어져서 바다를 떠다니게 돼. (컨테이너 문이 잠겨 있다면 대부분의 컨테이너는 물에 떠.) 바다를 떠다니던 컨테이너들이 다른 배나 커다란 바위에 부딪히면 어떻게 될까? 그 충격으로 문이 열리고, 그 안에 있던 물건들은 바다 여기저기로 흩어지게 되지. 2008년에서 2016년까지, 1년 동안 평균 1,580개의 컨테이너가 바다에 빠졌다고 해.

유명한 컨테이너 사건들

고무 인형 조난 사건(1992년 1월)

가장 유명한 사건을 알려 줄게. 어느 날 태풍이 강하게 불어서 고무 인형을 담은 컨테이너가 바다에 떨어졌어. 인형 2만 8천 개가 바다 위로 흩어졌지. 인형 중에는 푸른 거북, 녹색 개구리, 빨간 비버도 있었지만 노란 오리 인형이 제일 유명해졌어. 노란 오리 인형들이 파도를 타고 떠다니다가 바닷가에서 발견되기 시작했거든.
과학자들은 이 인형을 보고 좋은 아이디어를 떠올렸어! 인형이 어디서 어디로, 어떻게 흘러가는지를 관찰하면 바다를 연구하는

데 도움이 될 거라고 생각한 거야. 이 사건으로 오리 인형들은 바닷물의 흐름을 연구하는 과학자들에게 도움을 주었어. 그뿐만이 아니야. 고무와 같은 플라스틱 합성 소재가 바다에서 분해되는 데 얼마나 오랜 시간이 걸리는지도 알 수 있게 되었지.

레고 조난 사건(1997년 2월)

영국 콘월주 근처 바다에서 '도쿄 익스프레스'라는 화물선이 거대한 파도를 만났어. 배가 옆으로 기우는 바람에 컨테이너 62개가 그만 바다에 빠지고 말았지. 그중 하나에는 5백만 개의 레고가 들어 있었어. 근데 정말 신기하게도 바다를 테마로 한 레고들이 정말 많았어. 이런 게 운명의 장난일까? 수백 개의 레고들은 금세 콘월주 바닷가에 도착했지. 작살, 해초, 물갈퀴, 해적 칼, 문어, 용 모양의 레고들은 아주 희귀한 거라서 비치코머들이 가장 아끼는 수집품이 되었어.

HP 회사 잉크 카트리지 사건(2014년 초)

2015년 12월, '뉴키 지역 비치코밍' 페이지에서 2014년 초쯤에

HP 회사의 잉크 카트리지가 담긴 컨테이너가 북대서양 바다에 떨어졌다는 소식을 보았어. 그리고 2015년 9월에 포르투갈 카보 하소 바닷가에서 발견된 잉크 카트리지가 바로 이 사고로 바다에 빠진 HP 회사의 잉크 카트리지일지도 모른다는 생각을 했어. (가능성이 적기는 하지만 아주 불가능한 일은 아니었지.) 나는 곧바로 '뉴키 지역 비치코밍' 페이지를 관리하는 트레이시 윌리엄스에게 사고로 바다에 빠진 카트리지의 일련번호를 알려 달라고 부탁했어. (프린터기에 사용하는 잉크 카트리지를 잘 살펴보면 카트리지마다 저마다의 번호가 적혀 있어.) 정말 놀랍게도 포르투갈 바닷가에서 발견된 잉크 카트리지가 북대서양 바다에 떨어진 그 컨테이너에서 나온 것이었어! 슬프게도 잉크 카트리지 하나가 발견되고 나니까 더 많은 잉크 카트리지들이 바닷가에 나타나기 시작했다는 거야. 2016년 초 카스카이스 바닷가에서만 14개가 발견되었어.

분홍색 세제 통 사건(2016년 1월)

2016년 1월, 엠브이 블루 오션스라는 화물선이 세제가 담긴 분홍색 플라스틱 통들을 바다에 빠뜨리는 사고를 냈어. 얼마 지나지 않아서 콘월주 바닷가에 몇백 개의 통들이 밀려왔어. 이 지역 주민들과 환경 보호 운동가들의 걱정은 커져만 갔어. 다행히도 대부분 뚜껑이 닫혀 있었고, 통이 깨지지 않아서 세제가 새어 나오지는 않았지. 사람들은 바다 생태계를 보호하기 위해 재빨리 통들을 수거했어. 하지만 모든 세제 통을 수거할 수는 없었지. 통에서 세제가 바로 새어 나오지는 않더라도 시간이 지나면 결국 바다로 흘러 들어갈 거야. 그래서 아직 안심할 수 없어.

달걀 모양 킨더 초콜릿 사건(2017년 1월)

중국과 독일 사이의 바다를 지나가던 덴마크 선박이 태풍 악셀을 만나 컨테이너 5개를 바다에 빠뜨리고 말았어. 그중 한 컨테이너에는 킨더 서프라이즈가 들어 있었어. 킨더 서프라이즈는 달걀 모양의 초콜릿이야. 초콜릿 안에는 플라스틱 장난감이 들어 있지. 그런데 이 킨더 서프라이즈 초콜릿들이 독일 동북부에 있는 랑게오크섬에서 발견되기 시작했어. 서프라이즈라는 이름처럼 이 작은 섬에 사는 주민들은 깜짝 놀랐지. 아이들은 바닷가에 떨어진 수백 개의 초콜릿 달걀을 주우면서 즐거워했고. 하지만 사람들은 킨더 초콜릿으로 알록달록하게 물든 해변을 청소하는 걸 점점 힘들어 하게 되었어.

재활용, 과연 안심할 수 있을까?

아직 갈 길이 먼 재활용

예전에는 플라스틱을 지금처럼 많이 만들지도 않았고, 그만큼 많이 사용하지도 않았어. 플라스틱을 사용하는 것이 환경에 어떤 영향을 가져올지 잘 몰랐기 때문이야. 게다가 사람들은 '재활용'이라는 말 덕분에 안심할 수 있었어. 재활용 통에 플라스틱을 버리기만 하면 이 플라스틱이 마법처럼 새로운 물건으로 변신할 것이라고 믿었던 거지. 하지만 정말 재활용을 하기만 하면 모든 문제가 사라질까?

숫자를 보면 문제가 보여요

전 세계: 생산된 플라스틱의 단 14퍼센트만이 재활용을 위해 수거되고 있어요. 그중에서 약 10퍼센트만이 제대로 재활용되지요.

유럽: 지난 10년 동안 플라스틱 재활용이 80퍼센트 늘었어요. 하지만 포장하는 데 쓰이는 플라스틱을 재활용하는 경우는 40.9퍼센트밖에 되지 않아요.

포르투갈: 공식적으로 포장하는 데 쓰이는 플라스틱의 43퍼센트가 재활용되어요. 유럽의 평균치에 비하면 조금 높은 숫자죠. 하지만 아직도 여러 가지 문제가 있어요.

우리나라: 2013년 경제협력개발기구(OECD) 통계를 보면 폐기물 재활용률은 59퍼센트로 세계 2위예요. 하지만 1인당 1년간 포장용 플라스틱 사용률도 세계 2위예요.

플라스틱 재활용의 5가지 문제

첫 번째 문제
전 세계 여러 나라에서 재활용을 제대로 하지 않아

왜 그럴까?
쓰레기를 수거하고, 분리하고, 처리하고, 또 재활용하는 데는 아주 많은 돈이 들고, 기술과 사람도 필요해. 그래서 어떤 나라에서는 쓰레기를 처리하거나 재활용하는 시스템이 아예 없기도 해. 시스템이 갖춰져 있더라도 잘 돌아가지 않을 때가 있고. 재활용에 드는 돈이 아깝다고 생각하거나 많은 사람들이 제대로 분리수거를 하지 않아서야. 이런 일들은 사람들이 환경 보호가 얼마나 중요한지 잘 몰라서 벌어져.

--- --- --- --- --- ---

두 번째 문제
플라스틱 재활용은 전 세계의 문제야

왜 그럴까?
다른 여러 가지 환경 문제(예를 들면, 기후 변화나 대기 오염 등)와 마찬가지로 바다에 버려진 플라스틱의 문제는 국경이 따로 없어. 대체 이게 무슨 말이냐고? 플라스틱 문제는 어떤 한 나라에서 해결해도 소용이 없다는 거야. 동해에 버려진 플라스틱이 바닷물을 따라 어떤 나라로도 갈 수 있으니까. 그래서 전 세계 사람들이 함께 해결하려고 노력하는 게 중요해.

세 번째 문제

재활용은 마술이 아니야

왜 그럴까?

우리는 플라스틱 쓰레기를 재활용 분리수거 통에 버리기만 하면 마술처럼 새로운 플라스틱으로 변신할 거라고 생각해. 과연 그럴까? 재활용을 하려면 엄청난 물과 에너지를 사용해야 해. 또 플라스틱은 몇 번이고 반복해서 재활용할 수 없어. 한 번 재활용할 때마다 다른 플라스틱 제품을 만들기 위해 사용할 수 있는 성분이 점점 줄어들기 때문이야.

네 번째 문제

플라스틱 재활용을 잘 지키고 있는 나라에서도 플라스틱 쓰레기가 강이나 바다로 떠내려가

왜 그럴까?

사람들이 쓰레기를 버릴 때 신경을 잘 쓰지 않아서야. 쓰레기를 야외에 버리거나, 이미 쓰레기통이 가득 찼는데도 그 위에 또 쓰레기를 버리는 사람들이 있어. 그러면 쓰레기가 바람에 휙 날아가기 쉽고, 동물들이 쓰레기를 뒤져서 여기저기로 나르지. 결국 쓰레기는 금세 강이나 바다로 떠내려가. 하지만 더 큰 문제는 하수 처리장이야. 하수 처리장은 하수와 오염 물질을 걸러 내는 아주 위대한 발명품이야. 아직 완벽하지는 않지만 말이야. 비가 많이 오는 날에는 하수 처리장에 많은 물이 모여. 이런 날에는 안전 문제 때문에(하수구가 막히는 문제 등등) 평소처럼 오염된 물을 처리하지 않고, 하수 처리장에 가득 찬 물을 그냥 밖으로 흘려보내. 그러니까 비가 많이 올 때는 하수 처리장의 물이 정화되지 않고 그대로 바다로 가게 되는 거지.

다섯 번째 문제
우리가 사용하는 플라스틱 중 40퍼센트는 쉽게 재활용되지 않아

왜 그럴까?
첫 번째 이유는 플라스틱이 재활용할 수 없을 정도로 이미 망가졌거나 건강에 해로운 물질에 오염되어 있어서야. 두 번째 이유는 버려진 물건이 아주 작아서(빨대처럼 아주 작고 가벼운 플라스틱처럼) 수거하거나 운반하는 데 많은 돈이 들기 때문이야. 세 번째 이유는 여러 가지 재료가 함께 쓰여서(플라스틱 용기인데 손잡이나 뚜껑 등 부분마다 종류가 다른 플라스틱으로 만들어진 것들) 재활용할 때 따로따로 분리하기 쉽지 않아서야. 이럴 땐 재활용하는 데 많은 돈이 들어서 재활용하는 회사에서 그냥 버리기도 해.

여전히 문제가 많지만, 그래도 우리는 분리수거를 잘 하고 재활용을 해야 해. 아예 안 하는 것보다는 좋겠지?

플라스틱 재활용은 왜 복잡할까요?

플라스틱 종류에 따라서 녹는 온도가 다르기 때문이에요. 어떤 플라스틱은 더 높은 온도에서 녹고, 또 어떤 플라스틱은 더 낮은 온도에서 녹아요. 그럼 서로 다른 종류의 플라스틱을 같은 온도에서 함께 녹이면 어떻게 될까요? 힘이 약한 플라스틱이 만들어져요. 튼튼한 용기를 원하는 사람들에게는 쓸모가 없지요. 또 낮은 온도에서 녹는 플라스틱 중에는 높은 온도에서 녹는 플라스틱과 섞이지 않는 것도 있어요. 그래서 플라스틱을 재활용해서 사용하려면 플라스틱들을 다시 분류해야 해요. 이 과정에서 돈이 많이 들기 때문에 경제적인 면에서는 썩 효과적이지 않지요.

이런 문제들 때문에 플라스틱 쓰레기가 제대로 재활용되지 않기도 해요. 그런데 재활용되지 않은 플라스틱은 대부분 땅속에 묻혀서 우리 발밑으로 숨어 버리거나, 소각장에서 태워져요. 두 가지 방법 모두 환경에 아주 해로워요. 왜냐하면 땅속에 묻힌 플라스틱은 썩기까지 아주 오랜 시간이 걸리고, 플라스틱을 태우면 그 안에 있는 독성 물질이 빠져나오기 때문이에요.

혹시 모르는 척하면서 핑계를 대지는 않니?

플라스틱 쓰레기 문제는 참 해결하기 어려운 일이야. 그래서 종종 아무 문제도 없는 척 행동하며 온갖 종류의 핑계를 만들어 내기도 하지. (생각해 보면 좀 치사하지?) 혹시 귀찮다는 이유로 핑곗거리를 생각해 본 적 있니?

(1) 지구는 거대하고 자연의 힘은 위대해. 그러니까 지구는 절대 망가지지 않을 거야.

자연환경에 있는 모든 것은 서로 연결되어 있고 관계가 깊기 때문에, 자연의 한 부분에서 어떤 변화가 생기면 다른 여러 부분에 영향을 미치게 되어 있어. 물론 지구가 버틸 수 있는 힘이 정말 크기는 하지만 여기에도 한계는 있어. (사실 지구는 이미 그 한계를 넘어 버렸어!)

(2) 언젠가 새로운 과학 기술이 문제를 해결해 주겠지!

사람들이 생각하는 것과 달리 과학 기술이 모든 문제를 해결할 수는 없어. 과학 기술이 산소를 만들어 낼 수 있지만, 우리 모두가 마실 수 있을 만큼 많은 산소를 만들지는 못해. 또 동물들이 수백만 톤의 플라스틱을 삼키지 못하게 할 수도 없고, 플라스틱이 썩으면서 나오는 독성 물질을 바다로 흘러 들어가지 않도록 막을 수도 없어.

(3) 환경 문제를 해결하려고 노력하는 회사들이 벌써 많이 있잖아?

물론 여러 회사들이 환경을 보호하려고 진심으로 노력하고 있어. 하지만 더 많은 회사들이 더 적극적으로 노력하게 하려면, 소비자인 우리가 목소리를 내야 해. (지금이 바로 우리가 더 큰 소리로 요구해야 할 때야!)

(4) 내가 고민할 일이 아니야. 정부 기관에서 자연환경과 사람들을 보호하기 위해서 힘써야 해.

자원에도 한계가 있는 것처럼, 돈에도 한계가 있어. 그래서 정부 기관은 늘 돈을 어디에 먼저 써야 할지 고민해. (학교를 짓는 게 나을까? 아니면 병원이 나을까? 멸종 위기 동물을 구하는 데 쓰는 게 나을까?) 정말 어려운 일이지. 그러다 보니 환경 문제는 뒤로 밀리곤 하지. 과학자들이 환경 문제에 대해 항상 경고해도 제때 문제를 해결하기란 쉽지 않아.

이제 우리가 행동할 때야

최근에서야 바다에 버려진 플라스틱 쓰레기 문제가 드러나면서 사람들이 이 문제에 대해 심각하게 이야기하기 시작했어. 그래서 아직까지도 플라스틱 쓰레기에 대한 정보가 전 세계 곳곳에 알려져 있지 않아. 하지만 플라스틱 쓰레기 문제는 점점 더 빠른 속도로 심각해지고 있어. 이 문제에 대해 이미 알고 있는 사람은(바로 이 책을 읽는 여러분 말이야!) 얼른 행동에 나서야 해. 사람들과 플라스틱 쓰레기 문제에 대해 이야기하고, 작은 습관부터 고쳐 나가는 거야. 그러면 세상은 분명 크게 달라질 거야. 자, 이제부터 우리가 어떤 일들을 할 수 있는지 알아볼까?

이런 일이 벌어지길 바라지는 않겠죠?
우리가 플라스틱 문제를 깨닫지 못하고 습관을 바꾸지 않으면, 2050년에는 바다에 물고기보다 플라스틱이 더 많아질 거예요.

마트에 가면 껍질을 벗긴 오렌지나 바나나를 플라스틱 용기에 담고, 또 한 번 비닐로 포장해서 파는 걸 볼 수 있어요. 과일 껍질은 자연이 만든 천연 포장지예요. 따로 포장을 할 필요가 없지요. 그런데도 우리는 굳이 껍질을 벗겨서 플라스틱으로 포장하고 있어요!

우리가 할 수 있는 일

누구나 할 수 있는
아주 쉬운 7가지 행동

1. 한번 더 생각하기

사야 할 물건이 어떻게 포장되어 있는지 생각해 봐. 플라스틱으로 만든 비닐이나 용기로 포장되어 있는지, 환경에 더 나은 것으로 포장된 건 없는지 말이야. 그리고 물건을 살 때 한번 더 생각해 보는 거야. 정말 이 물건이 필요할까?

2. 거절하기

필요하지 않은 물건은 거절하기! 제일 급한 일은 빨대를 거절하는 거야. 빨대가 없어도 음료수는 마실 수 있으니까. 아직도 많은 양의 빨대가 재활용되지 않고 바다로 흘러 들어가고 있다는 사실을 기억해!

거절해야 할 물건들
- ▶ 모든 종류의 일회용품(컵, 빨대, 접시 등등)
- ▶ 풍선
- ▶ 꼭 필요하지 않은 선물이나 장난감
- ▶ 플라스틱 용기나 비닐로 지나치게 포장된 물건
- ▶ 비닐봉지
- ▶ 플라스틱 물병

<u>잘 거절하는 방법</u>: 사람들은 이런 플라스틱 물건들이 우리에게 더 좋고 편할 거라고 생각하며 줘요. 그래서 우리가 거절하면 깜짝 놀라거나 기분 나쁘게 생각할 수도 있죠. 그럴 때는 왜 플라스틱을 쓰고 싶지 않은지 이유를 잘 설명해 주면 돼요. 물론 웃는 얼굴로 이야기하면 더 좋겠죠! 괜찮다고 말했는데도 계속 준다면, 플라스틱 알레르기가 있다고 얘기해 보세요. ☺

128쪽을 보면, 플라스틱을 쓰지 않으면서도 다른 사람들과 잘 지낼 수 있는 방법을 자세히 배울 수 있어요.

3. 플라스틱 사용 줄이기

이제 플라스틱을 쓰지 않겠다고 결심했니? 하지만 그건 아주 어려운 일이야. 우리가 쓰는 물건 대부분에 플라스틱이 들어 있거든. 플라스틱을 안 쓰겠다는 말은 아예 아무 물건도 안 쓰겠다는 말처럼 들리기도 해. 그래도 가능하면 플라스틱을 적게 쓰도록 노력하면 좋겠어!

4. 고쳐 쓰기

우리 주변을 살펴보면 갖고 싶은 물건들이 너무나 많아! 하지만 마음을 굳게 먹어야 해. 새로운 옷이나 신발, 장난감, 핸드폰을 자주 사는 대신에, 가지고 있는 물건이 더 이상 고칠 수 없을 정도로 망가졌을 때만 새로 사는 거야. 핸드폰 액정이 깨졌을 때는 새 핸드폰을 사기보다 수리하러 가는 건 어떨까? 운동화 밑창이 낡아서 '입이 벌어졌을 때'는 밑창만 갈아도 더 오래 신을 수 있어. 이렇게 고쳐 쓰다 보면 버리는 물건이 적어질 테고, 바다로 흘러드는 플라스틱 쓰레기도 훨씬 줄어들 거야!

5. 다시 쓰기

보통 플라스틱 물건은 한 번 썼어도 다시 사용할 수 있어. 플라스틱 물병이나 간식을 담는 통, 비닐봉지 같은 것들 말이야. 원래의 쓰임새와 다르게 쓸 수도 있어. 예술 작품을 만들어 방을 꾸미거나 물건을 정리해 넣는 정리함으로 만들 수도 있지. (인터넷을 검색해 보면 정말 많은 다시 쓰기 아이디어를 찾을 수 있을 거야. 어쩌면 스스로 정말 멋진 아이디어를 떠올리게 될지도 몰라!)

6. 재활용하기

재활용은 앞서 이야기한 다섯 가지 행동으로 문제를 해결해 보고, 그래도 안 될 때 마지막에 해야 해. 왜냐하면 플라스틱 쓰레기를 재활용하는 건 완벽한 해결 방법이 아니거든. 그래도 바다를 위해서라면 우리가 꼭 해야 할 일이야. 다 사용한 플라스틱 쓰레기는 꼭 분리수거 통에 넣자. 참! 분리수거를 할 때 꼭 기억해야 할 게 있어. 장난감이나 펜, 가전제품은 분리수거 통에 넣으면 안 돼. 또 연료나 기름을 담았던 플라스틱 통은 이미 심하게 오염되어서 재활용할 수 없어.

7. 다른 사람들의 생각 바꾸기

마지막 행동은 어려울 수도 있지만, 바다를 위해 우리 모두가 꼭 해야 할 일이야. 바로 우리 주변 사람들의 생각을 바꾸는 거지. 부모님과 장을 보러 갈 때 장바구니를 들고 가자고 이야기하거나, 학교에서 친구들, 선생님과 함께 플라스틱 쓰레기를 줄일 더 좋은 방법이 없는지 생각을 나누는 거야. 학교에서 간식이나 급식을 먹을 때 생기는 플라스틱 쓰레기를 어떻게 해결하면 좋을지에 대해서 말이야. 함께 이야기를 나누면 좋은 아이디어가 많이 생길 거야.

이제 고민이 많이 될 거야.
정말 좋아하는 과자가 있는데,
그 과자가 낱개로 하나씩 비닐 포장이
되어 있다면 어떡하지?
(아마 거의 대부분의 과자들이 이럴 거야.)
이때 한번 더 생각해 봐.
정말 이 과자를 먹어야 할까?

플라스틱 대신 어떤 걸 쓸 수 있을까요?

플라스틱 제품	플라스틱 대신 쓸 수 있는 것	왜 그래야 할까요?
플라스틱 빨대	알루미늄이나 대나무, 유리나 종이로 만든 빨대. (옛날에는 밀짚으로 만든 빨대를 썼다고 합니다.)	알루미늄, 대나무, 유리로 만든 빨대는 여러 번 쓸 수 있다는 장점이 있어요. 다시 쓸 때는 깨끗하게 씻기만 하면 되죠. 종이로 빨대는 다시 쓸 수 없지만 플라스틱보다는 환경에 덜 해로워요.
비닐봉지	재사용 가능한 비닐봉지, 감자 전분으로 만든 봉지, 천으로 만든 가방, 종이 상자	항상 가방을 가지고 다니면 굳이 플라스틱으로 만든 비닐봉지를 쓰지 않아도 되겠죠?
일회용 플라스틱 병	스테인리스 물통처럼 재사용 가능한 물통, 텀블러, 물병	이런 물통은 평생 동안 쓸 수 있어요. 계속해서 병에 물을 채워서 마실 수 있어요. (물론 다시 쓸 때마다 깨끗하게 씻는 걸 잊지 마세요.)

124 바다의 생물, 플라스틱

플라스틱 칫솔	정말 이상한 일이지만 바닷가에서 칫솔들이 아주 많이 발견돼요. 시간이 지나면 플라스틱 칫솔들은 금세 미세 플라스틱이 될 거예요.	나무나 대나무로 만든 칫솔 (칫솔대는 플라스틱이지만 칫솔 모가 돼지털인 것도 있어요.)
플라스틱 막대 면봉	플라스틱 막대 면봉과 비교해도 사용하는 데 전혀 문제가 없고, 바다에 흘러 들어가도 분해가 잘돼요. 그래도 변기에 버리는 건 안 돼요.	압축한 종이나 마분지, 대나무나 나무 막대로 만든 면봉
풍선	풍선이 없어도 파티 기분을 낼 수 있어요. 꽃이나 종이는 바다로 떠내려가도 덜 해로워요. (제일 좋은 건 바다로 가지 않게 하는 거예요!)	꽃으로 만든 왕관, 종이로 만든 연, 비눗방울

플라스틱 쓰레기를 줄이는 습관

먹을 것을 살 때 조심해야 할 점

꼭 필요한 만큼만 사면 버리는 것도 적어지고, 그만큼 플라스틱도 적게 쓰게 돼.

잘 기억해 두자!
- 버터나 치즈를 살 때, 비닐 대신에 식물성 종이로 만든 포장지인지 확인하고 살 것
- 스티로폼 상자에 담긴 생선이나 고기, 과일을 사지 말 것
- 일회용 캡슐 커피는 사지 말 것(캡슐 커피의 알루미늄이 쓰레기로 버려지면 환경에 좋지 않다고 부모님께 꼭 이야기해 줘!)

세제와 화장품

주방 세제나 액체로 된 세정제(손 씻을 때 펌프를 눌러서 쓰는 물비누를 본 적 있지?), 샴푸가 다 떨어지면 새로 사지 말고 리필만 사서 원래 쓰던 용기에 담아서 사용하는 것이 좋아. 로션이나 크림을 고를 때도 미세 플라스틱이 들어가지 않는 것을 쓰면 좋겠지. 화장품 용기에 써 있는 글자를 잘 살펴봐. 폴리에틸렌(PE), 폴리프로필렌(PP), 폴리에틸렌 테레프탈레이트(PET) 같은 말이 써 있니? 어려운 말처럼 보이지만 사실 이건 다 플라스틱이라는 뜻이야!

옷

우리가 매일 입는 옷 중에는 면이나 울처럼 천연 소재로 만든 것도 있지만, 폴리에스테르처럼 합성 섬유로 만든 옷도 참 많아. 합성 섬유는 플라스틱으로 만든 거야. 합성 섬유로 만든 옷은 아예 입지 않는 것이 바다에는 좋겠지만 참 어려운 일이지. 그렇지만 우리가 할 수 있는 일이 있어. 되도록 합성 섬유로 만든 옷을 적게 사는 거야. 합성 섬유로 만든 옷을 세탁하면 미세 플라스틱이 빠져나와. 그러니까 가능하면 너무 자주 빨지 말고, 평소에 옷을 깨끗하게 입다가 얼룩진 부분만 세탁하는 건 어떨까? (미세 플라스틱이 빠져나오지 않도록 도와주는

세제나 친환경 세제를 쓰면 더 좋아!)

물
페트병에 담긴 물을 사 먹지 말고, 물병이나 텀블러에 물을 가지고 다니는 거야.

내 아이디어
- -
플라스틱 쓰레기를 줄일 수 있는 좋은 아이디어를 써 보세요.
(이미 실천하고 있는 아이디어도 좋고, 앞으로 직접 실천해 보고 싶은 일도 좋아요.)

_____
_____
_____
_____
_____
_____
_____
_____
_____

우리가 할 수 있는 일

나는 외계인이 아니야! (나는 100% 지구인이야!)

플라스틱으로 만든 컵이나 빨대 같은 것을 쓰지 않겠다고 말하면, 우리를 외계인처럼 쳐다보는 사람들도 가끔은 있을 거야. 하지만 우리가 진짜 외계인이라면, 이렇게까지 지구의 바다를 걱정하고 있을까?

플라스틱 쓰레기에 대해 알게 되면 변하는 사람들의 표정

일회용 플라스틱을 쓰지 않겠다고 하면, 이상한 표정을 짓는 사람이 (아직도!) 있어요.

바다에 떠다니는 어마어마한 플라스틱을 보고 나면 이런 표정을 지을 거예요.

그러다 플라스틱 쓰레기 문제가 얼마나 심각한지 깨닫고 나면, 이런 표정을 짓게 되겠죠.

사람들은 환경 문제에 더 많은 정보를 알수록 더 바람직한 행동을 해. 옛날에는 많은 사람들이 길에서 소변을 보거나 바닥에 침을 뱉기도 하고, 차를 타고 가면서 창문 밖으로 쓰레기를 던지기도 했어. 그때는 이런 일이 얼마나 위험한지, 얼마나 환경을 오염시키는지 몰랐기 때문이야. 하지만 이제는 모두가 환경을 생각하면 그러면 안 되는 걸 알잖아?

바다에 버려지는 플라스틱 쓰레기도 마찬가지야. 아직은 사람들이 잘 몰라서 그래.

바다에 버려지는 플라스틱에 대해서 잘 모르고 있거나 아무 관심이 없는 사람, 여러분의 행동이 이상하다고 생각하는 사람을 만나도 흥분하지 말고, 천천히 차분하게 플라스틱 쓰레기에 대해 이야기해 봐. 그러면 그 사람들도 이해하고 앞으로 다르게 행동해야겠다고 마음먹게 될 거야!

나도 바다에 버려진 플라스틱 쓰레기에 관심을 갖기 전에는, 지금과 전혀 다른 사람이었어. 예전에는 문제를 알면서도 다른 사람이 해결할 때까지 기다렸지. 하지만 어느 순간, 적극적으로 나서기로 결심했어. 그리고 플라스틱 문제를 해결할 수 있는 힘 있는 사람들에게 편지를 썼어. 플라스틱 쓰레기 문제가 바다를 얼마나 위험하게 만들고 어떤 결과를 가져오는지 자세히 적었어. 또 앞으로 플라스틱 대신에 무엇을 사용하면 좋을지 아이디어를 냈지. 나는 여러 사람에게 편지를 보내기도 하고 끊임없이 이야기했어. 약속하고 지키지 않는 사람들에게는 항의를 하기도 했지. 이젠 예전과 달라.

여러분도 이렇게 해 봐!

즐거운 변화

플라스틱 쓰레기 문제를 해결하려고 행동에 나선 사람들이 있어!

핀란드의 한 대형 마트 체인점은 2023년까지 모든 제품에 플라스틱을 전혀 사용하지 않겠다고 약속했어. 또 물건을 포장할 때 플라스틱 대신에 종이처럼 재활용이 가능한 재료를 사용하겠다고도 했지.

중국은 2018년 1월부터 더 이상 다른 나라에서 쓰레기를 수입하지 않겠다고 발표했어. 특히 플라스틱 쓰레기는 절대로 받지 않을 거래. 이게 왜 좋은 소식이냐고? 이제는 남의 나라에 떠넘기지 못하고 모두가 플라스틱 쓰레기 문제를 고민하게 된 거야.

2016년, 프랑스는 전 세계 최초로 일회용 플라스틱 접시와 컵, 포크, 나이프를 더 이상 사용하지 않겠다고 약속했어.

2019년, 드디어 유럽 연합에서 플라스틱 쓰레기 문제를 해결하려고 새로운 법을 만들었어. 2030년까지 유럽 연합에서 사용되는 모든 플라스틱 용기는 재사용하거나 재활용해야 한대. 이 목표를 이루기 위해서 반드시 지켜야 할 규칙이 몇 가지 있어. 2025년까지 매년 생산하는 모든 플라스틱의 90퍼센트를 수거하고 재활용해야 해. 또 앞으로는 유럽 모든 나라의 바닷가에서 쓰레기로 자주 발견되는 빨대, 면봉, 컵, 접시, 숟가락과 포크, 나이프 등과 같은 플라스틱 물건을 사용할 수 없어.

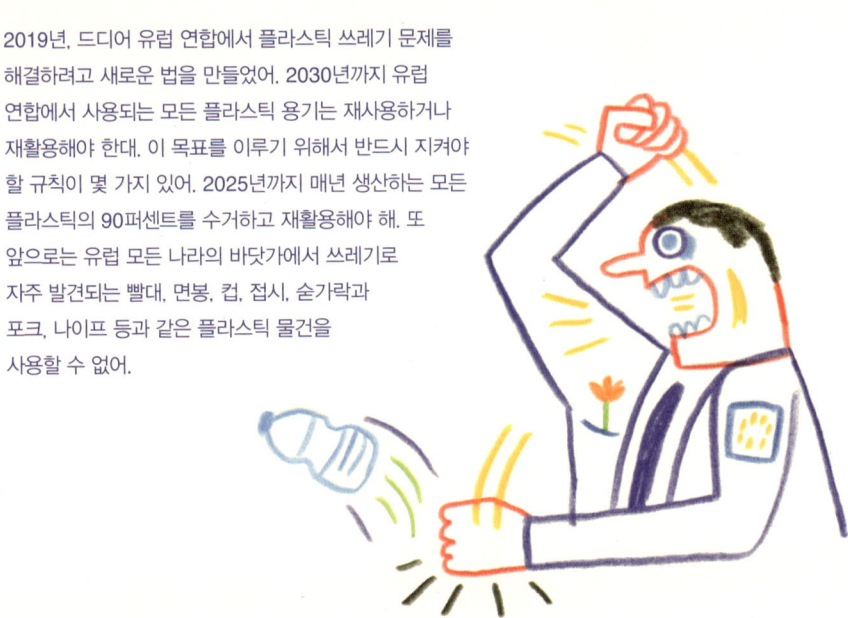

몇 년 전부터 스위스와 독일에서는 마트에 재활용 쓰레기를 가져다주면 돈을 받을 수 있어. 어떻게 가능하냐고? 마트에 재활용 쓰레기를 수거하는 기계가 있어서 여기에 쓰레기를 넣으면 무게만큼 돈이 나와. 이 기계 덕분에 스위스에서는 해마다 18억 개의 알루미늄 캔과 플라스틱 병이 마트에서 수거된다고 해. 또 독일에서는 플라스틱 병 97~99퍼센트가 수거되고, 알루미늄 캔은 99퍼센트나 재활용된대. 진짜 대단하지?

인도네시아 자바섬에 살고 있는 10살 이사벨 위즌, 12살 멜라티 위즌 자매는 전 세계적으로 유명해. 발리를 플라스틱이 없는 땅으로 만들자는 캠페인을 시작했거든. 바닷가에 버려진 수많은 플라스틱이 걱정된 이사벨과 멜라티는 인도네시아 정부에 문제를 알리기로 했어. 자매는 10만 명이 넘는 사람들에게 서명을 부탁하며 단식 투쟁을 했고, 결국 인도네시아 정부에서 플라스틱 쓰레기 문제를 해결하겠다고 응답했지!

이미 여러 나라에서 더 이상 비닐봉지를 사용하지 않겠다고 약속했고, 직접 행동에 나서고 있어. 호주, 케냐, 칠레 같은 나라와 미국의 캘리포니아 같은 도시에서는 마트나 가게에서 물건을 살 때 공짜 비닐봉지를 받을 수 없대. 비닐봉지가 필요하면 돈을 주고 사야 해. 비닐봉지 사용을 줄이려는 거지. 우리나라도 2019년 1월 1일부터 대형 마트와 슈퍼마켓, 제과점에서 일회용 비닐봉지 사용을 금지하고 있어.

매일매일 전 세계의 과학 연구소에서는 어떻게 하면 플라스틱 쓰레기 문제를 해결할 수 있는지, 이미 버려진 플라스틱 쓰레기는 어떻게 없앨 수 있는지 연구하고 있어. 한 연구소에서는 페트병을 먹어서 분해할 수 있는 균을 찾아냈대. 지금도 분해 능력이 더 좋고 대량으로 만들 수 있는 미생물을 연구하고 있다고 해.

플라스틱과 경제는 어떤 관계가 있을까요?

오늘날에는 자연에서 자원을 채취해서 신발이나 컴퓨터, 식품 등 새로운 상품을 만들고, 그 뒤에 남는 쓰레기는 친환경적이지 않은 방법으로 버리는 경우가 많아. 땅속에 묻어버리거나 불에 태워서 쓰레기를 처리하는 거지. 사람들은 지구의 자원에는 한계가 있다는 사실을 자주 잊어버리는 것 같아. 그래서 환경을 걱정하는 사람들은 점점 '순환 경제'에 대해 말하고 있어. '순환 경제'는 자원 절약과 재활용을 통해 지속 가능성을 추구하는 친환경 경제 모델을 말해. 더 쉽게 말하자면 처음에 상품을 만들었던 회사가 책임감을 갖고 쓰레기도 제대로 처리해서 기업과 소비자, 환경 모두에게 좋은 경제를 만들자는 거야.

그럼 어떻게 해야 경제가 잘 순환돼서 환경에 이로움을 줄 수 있을까? 예를 들어, 물건을 생산할 때 쓰고 남은 재료들을 다른 곳에 다시 사용한다든가(이미 재활용된 재료를 다시 사용하는 것도 좋지), 망가진 물건을 고쳐서 다시 사용하고, 물건이 더 이상 쓸 수 없을 만큼 낡았을 때는 그 물건의 재료를 재활용하는 거야.

자연에서 온 원재료가 인간의 생활 속에 더 오랫동안 머무르게 해서 자연이 새롭게 태어날 시간을 주자는 거지. 정말 멋진 생각이지?

우리가 직접 네트워크를 만들어 보는 건 어떨까?

바다에 버려진 플라스틱 문제를 해결할 수 있는 최강의 팀을 만들어 보는 건 어떨까? 나이가 많든 적든 상관없어. 어떤 직업을 갖고 있는지, 어느 나라에서 왔는지도 중요하지 않아. 다양한 사람들이 모인 커다란 네트워크를 만들어 보는 거야. 기업이나 정부 기관, 기구도 이 네트워크에 참가할 수 있어.

2015년 10월, 포르투갈 카스카이스의 페스카도레스 바닷가에서

2015년 9월, 포르투갈 카보 하소에서

2016년 2월, 크리스미나 바닷가에서

2016년 6월, 아바노 바닷가에서

2016년 10월, 깅쇼 바닷가에서

2018년 3월, 다스 아벵카스 바닷가에서

2015~2017년, 카보 하소에서

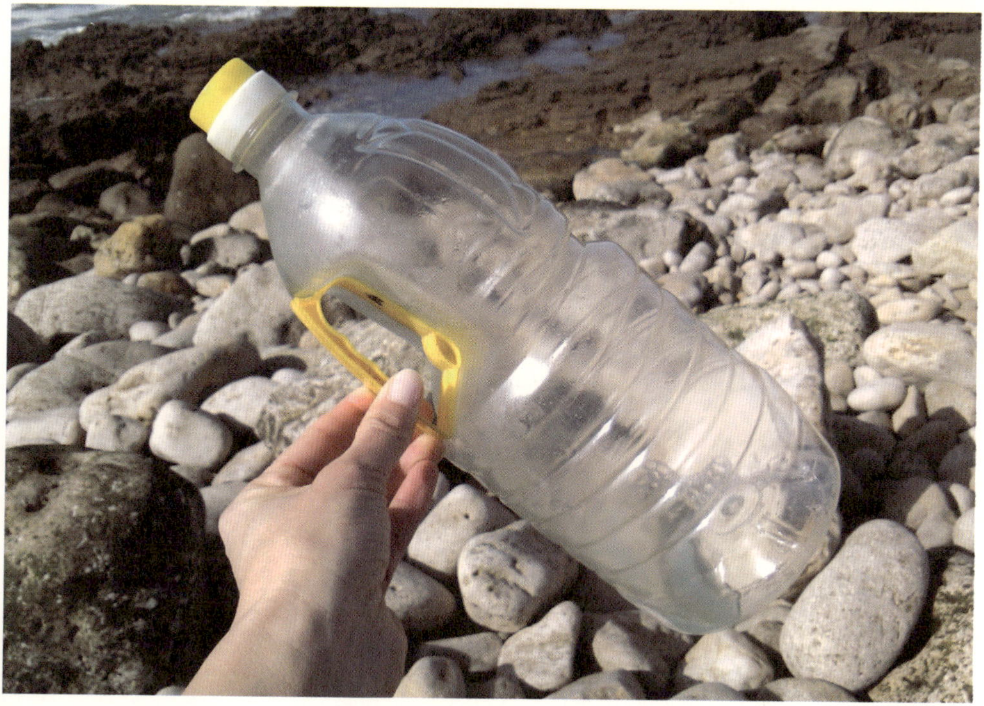

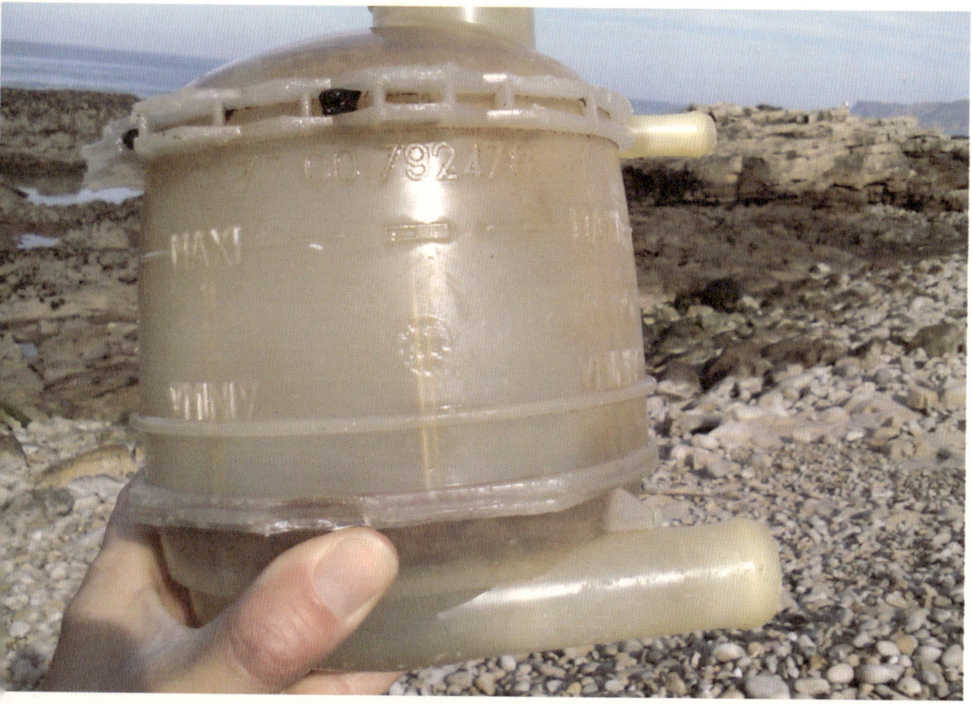
MAXI

2015년 10월 4일, 크리스미나 바닷가에서 수집한 물건들

2015년 11월 30일, 카보 하소에서 수집한 물건들

2015년 9월 13일, 카보 하소에서 수집한 물건들

2015년 7월 22일, 여러 바닷가에서 수집한 물건들

2018년 8월, 워크숍을 준비하면서 찾은 것들

2015년 10월 20일, 아바노와 깅쇼 바닷가, 카보 하소에서 수집한 물건들

2016년 여름, 전시회 작품들

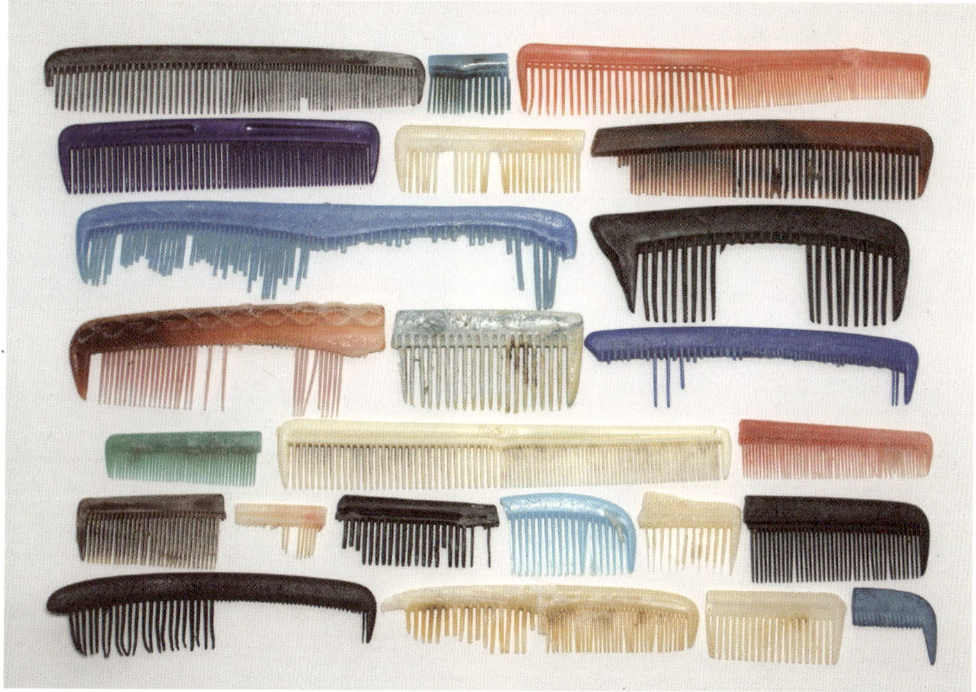

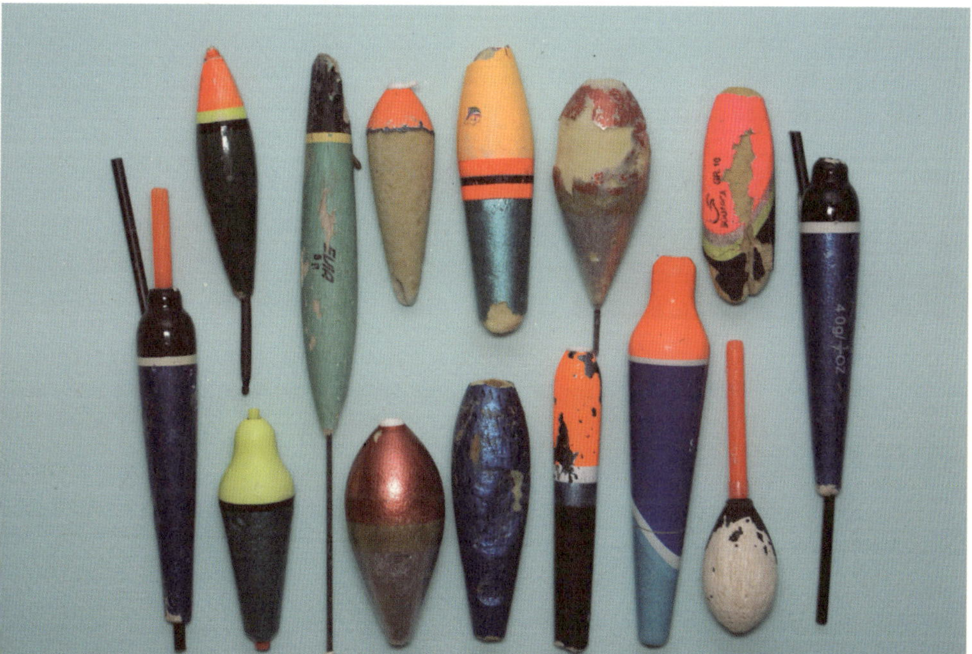

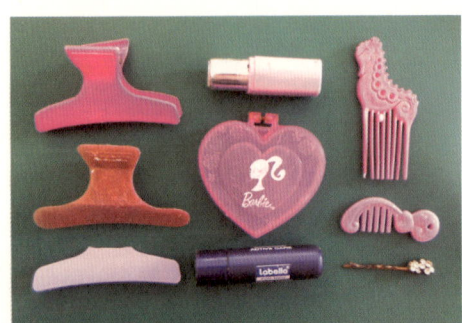

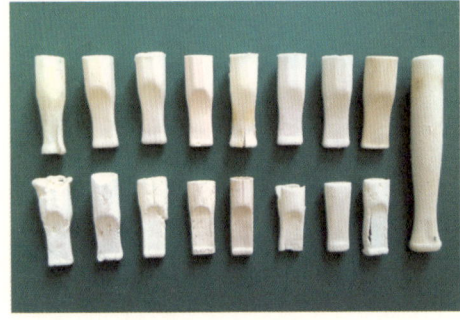

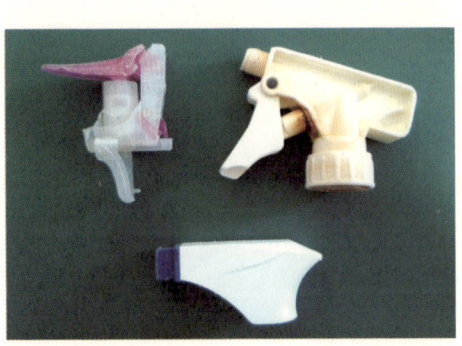

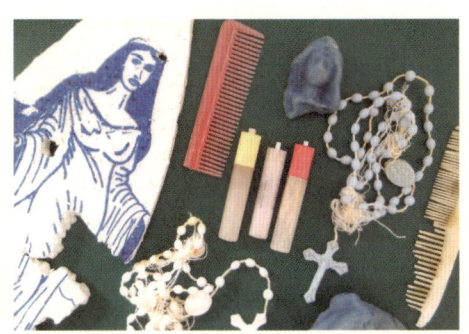

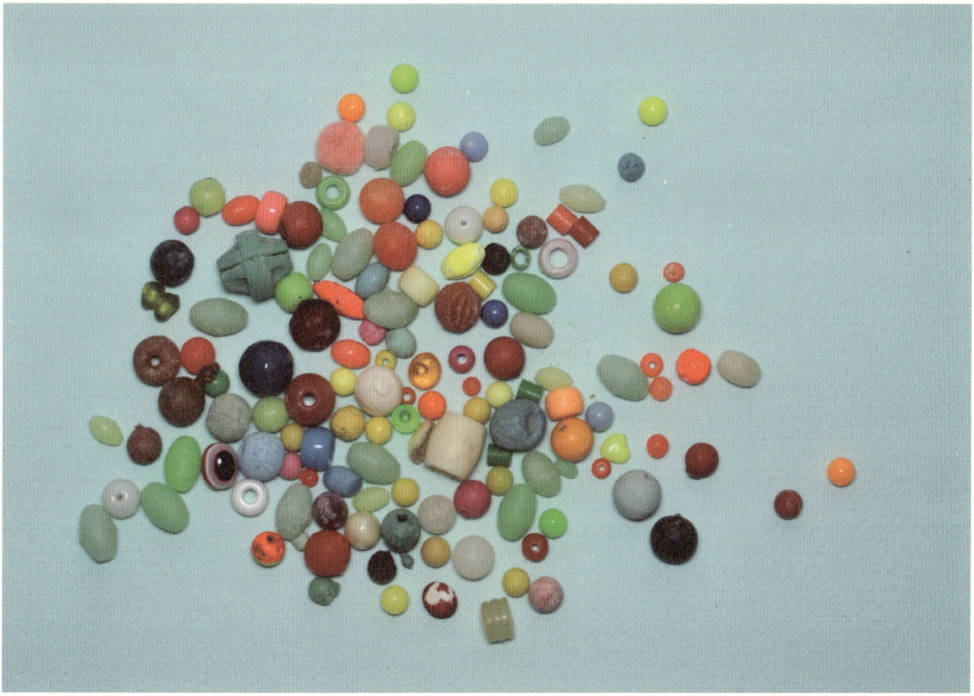

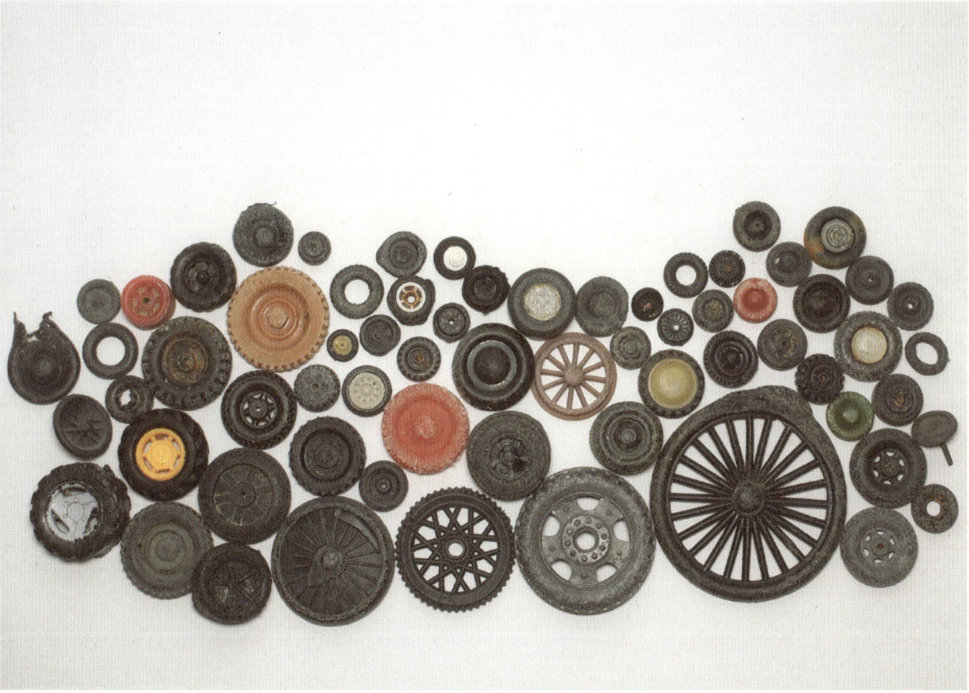

사진: 루이스 킹타

발라에나 플라스티쿠스 BALAENA PLASTICUS

아나는 2014년에 나이가 많은 어른들, 어린이 친구들 등 모든 사람에게 플라스틱 쓰레기 문제를 알리기 위해서 '발라에나 플라스티쿠스'라는 프로젝트를 시작했어요. 이 프로젝트에는 자연을 전문으로 촬영하는 사진작가인 루이스 킹타도 함께 참여했고, 포르투갈 아우마다 시청에서도 후원을 했어요. '발라에나 플라스티쿠스'는 바닷가에서 발견한 흰색 플라스틱을 모아서 수염고래의 뼈대를 만든 작품이에요. 길이가 무려 10미터나 되지요. 고래는 지구에 사는 가장 거대한 동물이지만, 불행히도 현재 가장 심각한 멸종 위기에 처해 있어요.

일회용 플라스틱으로 가득한 삶

'최근 10년간 만든 플라스틱이 지난 100년간 만든 플라스틱보다 훨씬 더 많다'는 조사 결과가 있어. 믿을 수 없다고? 우리 주변에 있는 물건들을 잘 살펴봐. 매일 사용하는 것들이 대부분 플라스틱으로 만들어졌다는 사실을 깨닫게 될 거야.

무엇으로 만들어졌을까?		
플라스틱으로 만들어졌니?	네	아니오
지금 밟고 있는 바닥		
학교 벽		
지금 앉아 있는 의자		
입고 있는 옷과 신발		
샴푸가 담긴 통		
과자 봉지		
음료수가 담긴 병		
세제가 담긴 통		
컴퓨터랑 텔레비전		
핸드폰		
안경테		

결론: 오늘날 우리는 플라스틱으로 만든 바닥과 가구로 가득한 집에서, 플라스틱 책상에 앉아 플라스틱으로 만든 컴퓨터를 사용하고, 플라스틱 섬유로 만든 옷을 입지. (옷에 붙은 라벨을 잘 읽어 보면 깜짝 놀랄걸?) 또 플라스틱으로 여러 겹 포장한 음식을 사서, 플라스틱 접시에 담아 먹고 플라스틱 컵에 음료를 따라 마셔. 미세 플라스틱이 들어 있는 각질 제거용 화장품이나 치약을 사용하기도 해. 어때? 우리 주변에 있는 거의 모든 것들이 플라스틱과 플라스틱을 만드는 재료로 만들어졌다는 것을 이제는 알겠지?

오늘 내가 사용한 플라스틱

아침에 눈을 떠서 잠자리에 들 때까지 내가 사용한 물건 가운데 플라스틱으로 만들어진 것을 모두 써 봐.

아침에 하루의 시작을 알리는 알람이 울리면 시계를 끄고(시계는 무엇으로 만들어졌을까?) 화장실에 가. (화장실에 가면서 밟는 카펫이나 러그는 무엇으로 만들어졌을까?) 그리고 비누로 세수를 해. (비누가 담긴 통은 무엇으로 만들어졌을까?) 이제 생각나는 것들을 빈칸에 적어 보자.

오전	오후	밤
____	____	____
____	____	____
____	____	____
____	____	____
____	____	____
____	____	____
____	____	____
____	____	____
____	____	____
____	____	____

플라스틱을 안 쓸 수는 없을까?

지금 우리는 플라스틱을 사용하는 것을 당연하게 여겨서 어떤 물건이 플라스틱으로 만들어졌는지 생각조차 하지 않아. 여러 가지 물건을 사서 잠깐 쓰고 빨리 버리는 데에도 익숙해져 있지.

물건뿐만 아니라 과일이나 채소, 고기 같은 음식물도 대부분 플라스틱으로 포장되어 있어. 포장이 꼭 나쁜 건 아니야. 포장은 물건을 보호하고 운반하기 쉽게 만들어 줘. 또 포장지에 인쇄된 상품 정보는 우리에게 무척 쓸모 있지. 하지만 포장 위에 또 포장을 한 경우도 많아. 대부분 물건이 더 크고 많아 보이게 하려고 과대 포장을 한 거지.

그렇다고 옛날처럼 농장에서 도시까지 수레로 농산물을 실어 나르자는 건 아니야. (잘못하면 더운 날씨에 농산물이 상할 수도 있으니깐.) 플라스틱은 쓸모 있고 편리한 물건이야. 다만 플라스틱으로 된 물건을 사야 할 때는 꼭 필요한 물건인지 생각해 보고, 환경에 미치는 영향도 생각하며 사야 해.

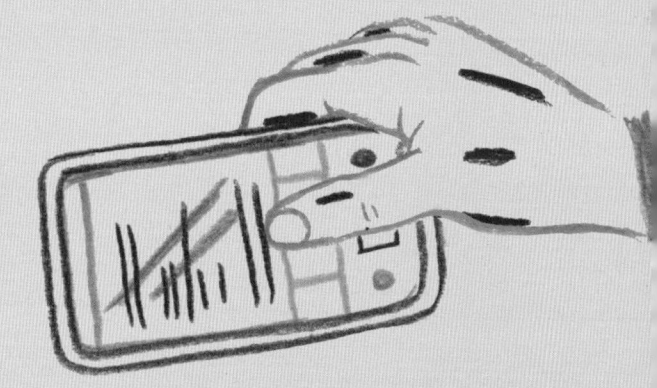

이 핸드폰은
공룡처럼 오래 됐어.
벌써 4년이나 썼지!

플라스틱에 대해서 더 많이 알고 싶다면?

플라스틱의 역사

1856년: 최초의 합성 플라스틱인 파크신이 발명되다.
식물 세포막의 주성분인 셀룰로스와 질산으로 만든 거예요. 파크신이 발명되기 전까지는 코끼리의 어금니인 상아로 당구공을 만들었어요. (파크신이 발명되어서 코끼리들에게는 정말 다행이야!)
발명가: 알렉산더 파크스

1907년: 최초의 100퍼센트 합성 플라스틱인 베이클라이트가 발명되다.
파크신이 천연 재료로 만든 플라스틱이라면, 베이클라이트는 완전히 합성 물질로만 만든 최초의 플라스틱이에요.
발명가: 리오 베이클랜드

1913년: 플라스틱 중 하나인 폴리염화 비닐(PVC)이 특허로 등록되다.

1916년: 최초로 플라스틱으로 내부를 만든 자동차가 등장하다.

1930년대: 마법 같은 물질, 플라스틱!
제1차 세계 대전이 끝나고, 폴리스티렌과 폴리에틸렌처럼 새로운 플라스틱이 등장해요. 사람들은 그저 놀라서 감탄할 뿐이었죠.

1938년: 폴리아미드(나일론)로 만든 최초의 칫솔이 등장하다.

1941년: 새로운 플라스틱 종류인 페트(PET)의 특허가 등록되다.

1948년: 비닐로 만든 음반인 엘피(LP)를 생산하기 시작하다.

1949년: 최초로 플라스틱 합성 섬유로 만든 옷감을 팔기 시작하다.

1950년대: 플라스틱 물건을 대량으로 생산하기 시작하다.
제2차 세계 대전이 끝나자 공장에서 가전제품과 플라스틱 물건을 틀에 찍어서 생산하기 시작해요.
그 덕분에 경제적으로 어려운 사람들도 라디오나 여러 가전제품 등 플라스틱으로 만든 물건을 싼값에 살 수 있게 돼요. 이제 우리는 어느 가게에서나 플라스틱을 살 수 있게 된 거예요.

1950년대: 최초로 비닐봉지가 등장하다.

1953년: 독일의 화학자 헤르만 슈타우딩거가 천연 고분자 화합물의 구조를 밝혀 노벨 화학상을 받다. (슈타우딩거는 이 물질에 고분자 화합물이라는 이름을 붙였어요.)

1955년: 미국과 같은 여러 나라에서 일회용품을 사용하는 것이 세련된 생활이라고 광고하기 시작하다. (플라스틱을 한 번 쓰고 버리는 일이 세련됐다니!)

1957년: 폴리프로필렌(PP)으로 만든 물건이 팔리기 시작하다.

1958년: 모두가 아는 장난감 회사 '레고'에서 플라스틱 블록을 쌓아 올리는 시스템으로 특허를 신청하다.

1976년: 플라스틱이 전 세계에서 가장 많이 사용하는 물질이 되다.

1979년: 최초의 핸드폰이 등장하다. (물론, 핸드폰은 플라스틱으로 만들어졌어요.)

1989년: 불이 들어오는 플라스틱이 만들어지다.

1990년: 친환경 플라스틱으로 만든 물건이 등장하다. (드디어!)

2000년대: 플라스틱에 나노 기술이 적용되기 시작하다.

2009년: 보잉 787 비행기가 첫 비행을 시작하다. (이 비행기의 50퍼센트가 플라스틱으로 만들어졌어요!)

플라스틱이 왜 특별할까?

플라스틱은 가벼울 뿐 아니라 다양한 색과 모양으로 만들 수 있는 튼튼한 합성 물질이야. 그래서 우리에게 필요한 여러 가지 물건으로 만들어 쓰지. 스타킹이나 콘택트렌즈, 인공 피부를 만들 때는 얇고 탄성이 좋은 플라스틱을 사용해. 세제 용기 같은 물건을 만들 때는 화학 물질에 강한 플라스틱을 사용하기도 하고, 방탄조끼나 비행기, 자동차 등을 만들 때는 아주 튼튼한 플라스틱을 사용하기도 해.

플라스틱은 다른 물질과 비교했을 때 더욱 특별한 점이 있어. 쉽게 망가지지 않기 때문에 아주 오랫동안 사용할 수 있다는 거야. 하지만 이 물건들을 사용하는 시간은 얼마나 될까? 겨우 몇 분이나 몇 시간밖에 안 돼.

그런데도 몇백 년 동안 썩지 않는 플라스틱을 꼭 사용해야 할까?

> **플라스틱이 환경에 도움이 된다고요?**
> 자동차나 비행기 같은 교통수단을 만들 때는 보다 많은 양의 플라스틱이 쓰여요. 금속 같은 다른 재료보다 훨씬 가볍기 때문에 같은 거리를 가더라도 더 적은 연료가 쓰이기 때문이에요.

정말 필요한 걸까요?

슈퍼마켓에서 물건을 사고 받은 비닐봉지는 얼마나 사용되고 버려질까요? 평균 15분 정도 사용되고 버려져요. 하지만 비닐봉지가 썩는 데는 몇백 년이나 걸리죠.

여러분이 백화점이나 쇼핑몰의 푸드코트 같은 곳에서 점심을 먹을 때 쓰는 플라스틱 컵이나 접시, 수저와 포크, 컵 뚜껑과 빨대는 어떨까요? 우리가 아무리 천천히 음식을 씹고 삼키더라도 플라스틱 접시나 포크를 사용하는 시간은 길어 봐야 50분이나 60분 정도랍니다.

간단한 물리화학 수업

그래서 플라스틱이 어떤 물질이라고?
모든 플라스틱은 자연에서 온 것이 아니라 인간이 만들어 낸 합성 물질이야. 플라스틱은 작은 분자 여러 개가 모여서 사슬처럼 계속 연결되어 있는 중합체 구조를 갖고 있어.

구슬로 만든 목걸이나 꽃으로 만든 왕관처럼, 어떤 것이 자꾸자꾸 이어진다고 생각해 보세요. 중합체를 현미경으로 보면 이런 모양이에요.

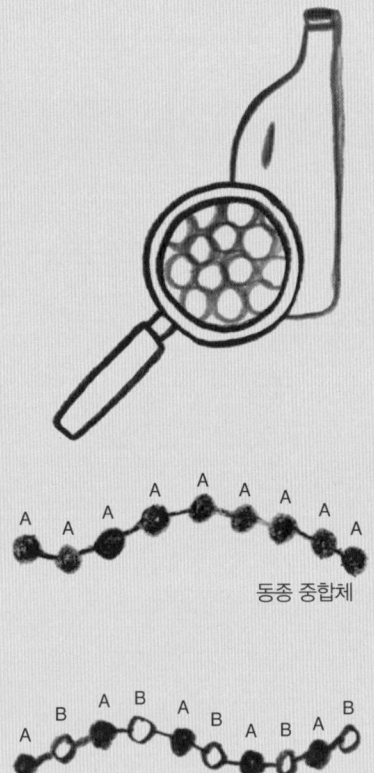

같은 화학 물질이 계속 반복되는 것을 동종 중합체라고 불러요. 예를 들면, 플라스틱 물병을 만드는 데 사용하는 폴리에틸렌이 바로 동종 중합체예요. 만일 이렇게 연결된 화학 물질의 종류와 모양이 달라지면 혼성 중합체라고 불러요! 세제를 담는 통에 사용되는 폴리염화비닐(PVC)이 바로 혼성 중합체예요. 중합체가 되기 위해서는, 중합체를 이루는 단위체가 최소한 만 번은 계속 반복되어야 해요!

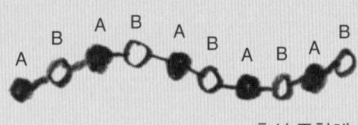

직접 만들어 보기

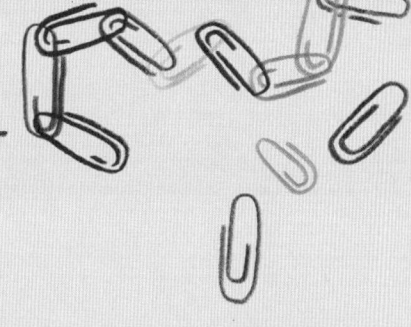

여러 색깔의 클립을 모아서
중합체 구조를 만들어 보자.

1. 클립 한 개는 단위체 한 개와 같습니다.
2. 클립 여러 개를 연결해서 동종 중합체를 만듭니다.
3. 색깔이 다른 클립을 이용해 혼성 중합체를 만들어 보세요.

플라스틱이라고 다 같은 것이 아니에요

사실 플라스틱은 두 개의 대가족으로 이루어져 있습니다. 하나는 열가소성 플라스틱 가족이고, 다른 하나는 열경화성 플라스틱 가족입니다. 열가소성 플라스틱은 뜨거운 열에 잘 녹아서 다른 모양으로 다시 만들어 낼 수 있고, 그래서 재활용하기가 더 쉽습니다. 예를 들면, 폴리염화비닐(PVC), 폴리스타이렌(PS)이랑 폴리에틸렌(PE)이 열가소성 플라스틱 가족입니다. 열가소성 플라스틱이 바닷가에서 제일 흔한 쓰레기이지만, 사실 열경화성 플라스틱도 자주 바닷가에서 발견됩니다. 폴리우레탄 폼(스펀지라고도 부르죠)이나 베이클라이트가 이런 열경화성 플라스틱입니다. 베이클라이트는 앞에서 플라스틱의 역사에 대해 설명할 때 이미 나왔죠. 베이클라이트는 단단하기 때문에 컴퓨터나 유모차, 헬멧 등 튼튼한 물건을 만드는 데 쓰입니다. 이런 열경화성 플라스틱은 한 번 굳어지면 다시 열을 주어도 화학 구조가 달라져서 다른 모양으로 가공할 수 없습니다. 재활용하기가 훨씬 더 어렵다는 말이죠.

플라스틱을 만드는 과정

(1) 플라스틱을 만드는 데 쓰이는 주재료는 석유야.

(2) 석유에는 많은 종류의 화학 물질이 섞여 있기 때문에 각각의 화학 물질을 분리하기 위해서 열을 가해.

(3) 화학 물질마다 서로 끓는점이 차이가 있기 때문에 석유는 정제탑을 통해 가솔린, 경유, 등유, 휘발유와 같은 물질로 분리할 수 있어.

(4) 휘발유에 다시 열을 가하면 에틸렌이 나와. 에틸렌은 플라스틱을 만들 때 쓰이는 가장 기본적인 물질이야. 그리고 가솔린에서는 플로필렌, 부탄, 에틸렌 등을 얻을 수 있지.

(5) 석유를 여러 물질로 분리해 냈으니까 이제는 화학 작용을 통해서 이 물질을 긴 사슬로 연결해야 해. 이 과정을 중합이라고 해. 짠! 이제 플라스틱이 거의 다 되었어.

(6) 플라스틱에 첨가제를 섞어서 성질을 변화시킬 수도 있어. 플라스틱에 색깔을 내는 물질이나 더 부드럽게 만드는 물질 등을 넣는 거야.

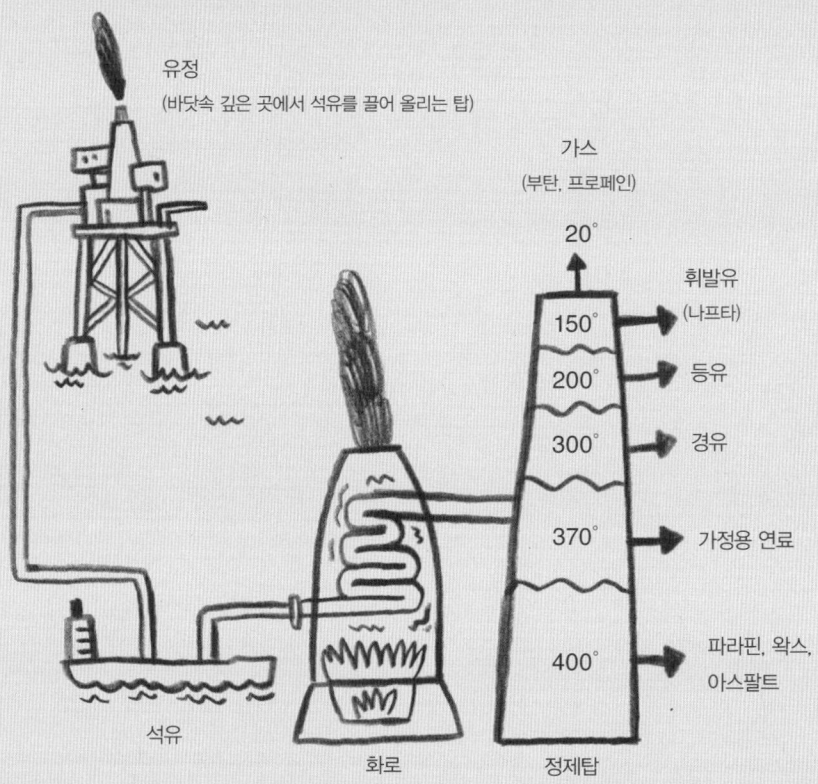

플라스틱 생산이 환경에 미치는 영향

플라스틱은 만들 때부터 쓰레기로 버려질 때까지 바다와 환경에 큰 영향을 미쳐요. 플라스틱의 주재료가 되는 석유를 추출할 때부터 바다에 나쁜 영향을 주기 시작하죠. 석유를 운반하는 과정에서 바다로 흘러 들어가는 사고가 일어나기도 해요.

석유를 분리하는 과정은 어떤가요? 이때 많은 양의 이산화탄소와 다른 종류의 가스들이 발생해서 지구의 온실효과를 더 심각하게 만들어요. 정리하면, 우리가 매번 바닷속에서 기름을 뽑아서 정제할 때마다 기후 변화로 인해 생기는 문제들이 점점 더 심각해지고 있는 것이죠.

자연에서 온 플라스틱은 없을까?

우리는 플라스틱이라는 말을 종종 나쁜 의미를 담아 사용하기도 해. 너무 가짜처럼 보이거나 품질이 나쁜 물건을 비유할 때 사용하지.

하지만 자연에도 플라스틱의 역할을 하는 것들이 있어. 나무, 벌레의 분비물, 천연 아스팔트나 왁스, 거북의 등딱지, 동물의 뿔 같은 것들이 플라스틱을 대신하지.

어떤 것들이 있을까?

- 연지벌레의 분비물을 분리하면 셸락이라는 천연 물질이 나와. 셸락은 벽이나 가구에 칠을 하는 데 쓰여.
- 멕시코 원주민들은 3,500년 전부터 고무나무에서 채취한 라텍스라는 물질을 사용했어. 라텍스로 공을 만들기도 했대.
- 거북의 등딱지는 상자나 빗, 금고나 악기를 만드는 데 쓰였어. 슬프게도 이것 때문에 오늘날 매부리바다거북은 멸종 위기에 처해 있어.
- 우리 몸에도 있어! 바로 손톱과 머리카락이야. 우리 몸속의 DNA도 플라스틱처럼 중합체 구조로 되어 있지. 여기에 인간의 모든 유전 정보가 담겨 있어.

플라스틱에 대해 좀 알겠지?
자, 이제 행동해야 할 때야!

아나 페구의 이야기

어렸을 때, 나는 운 좋게도 부모님과 바닷가 근처에 살았어. 어떤 사람들은 정원이 있는 집에 살기도 하잖아? 하지만 나는 정원 대신 바다가 보이는 집에 살았고, 바닷가에서 대부분의 시간을 보내면서 탐험하고 산책하고 생각하기를 좋아했지.

파도가 칠 때는 수영을 하면서 잠수하기를 좋아했어. 바닷물이 밀려 나가는 썰물 때는 바닷물 웅덩이를 탐험하면서 산책을 하기도 하고 화석을 찾아다니기도 했지! (이렇게 말하면 아주 먼 옛날 일 같지만 사실 나는 아직도 바다에서 이런 일을 하고 있어!)

나는 한 번도 바다를 떠난 적이 없어. 내가 연구하는 '바다 보물들'은 모두 바닷가에서 발견되는 거야. 지금은 성게나 게,

말미잘 대신에 새로운 바다 생물에 관심을 갖고 있어. 바로 우리 모두가 관심을 갖고 걱정해야 할 생물, 플라스틱이지.

    나는 자라면서도 항상 바다에 대해 관심을 갖고 있었어. 포르투갈 아우가르베대학교에서 해양생물학을 공부했고, 그 후에도 몇 년 동안 바다에 대한 연구를 계속했어.

    최근 몇 년 동안에는 과학과 예술을 결합해 환경 보호를 가르치는 프로젝트에 주로 참여하고 있어. 사람들에게 바다를 보호하는 일이 얼마나 중요한지 알려 주는 일을 좋아해. 예술을 통해서 바다와 환경 문제에 더 관심을 가질 수 있다고 믿거든. 그래서 '플라스티쿠스 마리티무스' 프로젝트를 시작했고, 내가 무엇을 발견했는지 모두가 쉽게 볼 수 있도록 페이스북 페이지도 만들었어.

아나, 왜 쓰레기를 '보물'이라고 부르는 거야?

정말 좋은 질문이야! 물론 쓰레기는 쓰레기일 뿐이지. 하지만 바다 쓰레기 중에 어떤 것들은 아주 희귀한 것도 있고, 특별한 이야기가 담긴 것도 있어. 또 이런 바다 쓰레기를 관찰하면 바닷물의 흐름이나 침식 작용, 오염 물질에 대해서도 배울 수 있어. 이런 의미에서 나는 쓰레기를 보물이라고 부르고 있지.

1978년, 포르투갈 아벵카스 바닷가에서,
아나.

바다의 생물, 플라스틱

펴낸날	초판 1쇄 2020년 4월 22일
	초판 6쇄 2022년 6월 16일
지은이	아나 페구, 이자베우 밍뇨스 마르칭스
그린이	베르나르두 카르발류
옮긴이	이나현
펴낸이	심만수
펴낸곳	(주)살림출판사
출판등록	1989년 11월 1일 제9-210호
주소	경기도 파주시 광인사길 30
전화	031-955-1350 팩스 031-624-1356
홈페이지	http://www.sallimbooks.com
이메일	book@sallimbooks.com
ISBN	978-89-522-4204-4 73400

살림어린이는 (주)살림출판사의 어린이 브랜드입니다.

※ 값은 뒤표지에 있습니다.
※ 잘못 만들어진 책은 구입하신 서점에서 바꾸어 드립니다.

사용연령	8세 이상	제조국	대한민국
제조년월	2022년 6월 16일	제조자명	(주)살림출판사
연락처	031-955-1350		
주소	경기도 파주시 광인사길 30		
주의사항	책을 던지거나 떨어뜨리면 모서리에 다칠 우려가 있으니 주의하세요.		

KC마크는 이 제품이 공통안전기준에 적합하였음을 의미합니다.